JN038925

笑えるほどのド貧乏から
豊かになれた秘密、全部教えます

金運爆上げ100の法則

100 Golden Rules to Attract Wealth

Revealing all the secrets of how I went from rags to riches.

実業家
山王美和
Miwa Sannou

KADOKAWA

金運爆上げした人たちの声、声、声！

「私だって、豊かになっていい」
と思い込みを書き換えたら、まもなく
数百万円の借金を完済できたうえ
パート主婦からラジオパーソナリティに転身して
年収15倍に！
仕事の依頼もますます増えています！
（33歳 個人事業主）

「私、お金持ってるじゃん」
と思えるようになったら、
気づけば昇進・昇給続きで**年収5割増**！
ハワイに別荘を購入でき、
なんとパートナーは馬主に！
（48歳 会社員）

神様や大いなる宇宙の領域とつながるための
デトックスを経て、
1500万円の臨時収入！
（40代 会社員）

お金への誤った思い込みを愚直に手放し続けるうちに**夢の職業**につけました！ パートナーの**ボーナスも倍増！**（40代 翻訳家）

予定より早く
ローン完済できたうえ
150万円の貯金にも成功！
お金の不具合の
正体を徹底的に
掘り下げた成果です。
（59歳 主婦）

違和感のあった職場を
思い切って退職。
不思議とお金に困ることがなく
やりたい事業での
起業準備中です。
（41歳 フリーランス）

一見ネガティブなことが起きても
「ラッキー！ 人生がバズるチャンス！」
と考えるようにしてとにかく行動を起こし続けたら
モデルとして企業ＣＭやＰＶに出演が次々決定！
地方議会議員、大学講師など
やりがいのある仕事でも奮闘中で
金運爆上がりを実感しています！
（33歳 モデル）

250万、200万、
100万……
と高額の臨時収入が続いています！
欲しかった高級バッグを贈られ、
さらに15歳年下の彼もゲット！
（41歳 自営業）

旅行が好きなのですが、
ファーストクラスで
世界一周する夢が
叶いました！
（54歳 公務員）

はじめに

この本を手に取ってくださってありがとうございます。まず、この本に触れながら、心の中でこうつぶやいてみてください。

「私はこの本とともに、
最高最善の黄金の豊かさを
受け取ることができました。
ありがとうございました。」

そうして読み始めてみると、宇宙からますます豊かさが流れ込んでくるからです。

本書では、

●豊かさを受け取るしくみ

●お金の本質

●お金が入ってこない理由とその解決法

●お金の使い方のコツ

●金の福の神である弁財天とのつながり方

●私も効果を実感している金運風水

●豊かさの源である、大いなる宇宙の姿

●お金や仕事の未来

……と、金運爆上げにかかわるたくさんのことを書かせていただきました。テーマは幅広～いですが、一貫して、読者のかたがたの脳波が書き換わり、みなさんがお金や豊かさをもっともっと受け取れるように意図して、原稿を書き上げました。

脳波が書き換わると、あなたは直感的に、ごく自然に、お金や豊かさを受け取れる思考や行動になります。

この本に書いてあることを、まずは1つでもいいから実践できると、その日から、あなたとお金とのかかわり方はみるみる変わっていきます。そしていつの間にかあなたの金運は爆上がりして、理想どおりの豊かさと幸せが循環していきます。

その変化の道のりの中で特に欠かせないのが、あなたの内側にある「お金に対する不要な思い込み」を解除し、代わりに、金運を爆、爆、爆上げする最強の「ダウンロードワード」を書き込むプロセスです。ダウンロードワードとは、お金・豊かさ・あなたの本来の性質を3つのシンプルな文章で表したもの。これを潜在意識にダウンロードすると、お金がみるみる循環しだします。

思い込みの解除の方法と、ダウンロードワードの降ろし方を詳しくご紹介しているのは第3章。第1章からページどおりに読み進めていって第3章を読んでもいいです。いきなり第3章を開くのもOK。第5〜6章のライトな開運法から気楽に読み始めるのもグッドです。宇宙の法則に興味があるかたは第7章もおすすめです。あなたにとってピンとくる順番で読み進めてくださいね。
あるいは、字を読むのが少し苦手なかたは、こちらの本を持ち歩いて、ときどき「ダウンロードワード」のページを眺めるだけでも、かなりお金の流れがよくなりますよ。

もうお金で悩むのはおしまい！あなたが望むとおりに、金運爆上げしてまいりましょう！

山王 美和

目次

Chapter 1 まず金運の器を整える

Chapter 2

お金の本質がわかる金運革命

Chapter 3

お金への不要な思い込みの解除

Chapter 4

お金と仲よくなれる出費の秘訣

Chapter 5

金の福の神とつながる習慣

Chapter 6

お金と豊かさを取り込む金運風水

Chapter 7 宇宙ギフトの上手な受け取り方

Chapter 8 豊かで自由な新時代の到来

ブックデザイン ライラック（菊池 祐）
本文デザイン ライラック（今住真由美）
カバーイラスト 小林香菜
本文イラスト ツグヲ・ホン多
DTP サカナステュディオ
校正 東京出版サービスセンター
編集協力 福島えつ子
編集 伊藤頌子（KADOKAWA）

金運上昇する人の10箇条

感謝できる

「ある」を見つめられる

すなおにすぐ行動する

何事にも心のままに
挑戦できる

ポジティブでピュア

心から欲しいものや
やりたいことに
罪悪感なくお金を使える

お金を貯め込まず
循環させられる

自分を大切にでき、家族や
身近な人も大切にできる

人のために行動できる

お金が大好き！

法則 01

流れ込んでくる豊かさは「金運の器」で決まる

金運のよし悪しに最も大きくかかわるのは「金運の器」の状態です。金運の器とは、豊かさを受け取る器のこと。人は誰しも金運の器を1つ持っています。その器に向かって、宇宙から無限の豊かさがザンザン流れ込んでいます。

器は、もちろん小さいよりは大きいほうがいいですが、ただ大きければいいわけではありません。それより、中身がいつも空っぽであることが大切。実は、金運が上がらない、お金がないという人は、**器の中に余計なものをためていて、せっかく流れ込んでくる豊かさを受け取れずにいます**。何をためているかというと、豊かさのエネルギーとは相容れないネガティブな感情。特に、不安、心配、恐怖、怒り、妬み、執着、焦り、罪悪感の8つは厄介な感情です。私はこれらを「8大ネガティブ大魔王」と呼んでいます。

この本でご紹介する金運爆上げのコツを実践すれば、大魔王は鎮まり、金運の器の容量が大きくなり、受け取れるお金、豊かさの総量が増えます。さぁ、みんなでガンガン金運爆上げしましょう！

法則 02

不安になるのは
お金の正体について
よくわかっていないから

この本を手に取ったかたの中には、お金のことで悩んだり困ったりしているかたも多いかもしれません。そんなかたに質問です。そもそもお金って何？　お金にどんなイメージがありますか？

いままでに私がカウンセリングしてきたみなさんを例に取れば、「お金は人を不幸にする」「お金のことなんて考えたくない」「お金の話をするのは恥ずかしい」「がんばらないとお金は入ってこない」など、お金持ちになりたいといいながらも、お金に対してネガティブな印象を持っている人がすごく多いです。

でも、こういうイメージって、まったくの思い込み。だって実際のところ、**お金は金属や紙で作られた単なる物質**ですから。それらには一定の価値がある、と私たちが信用しているから、お金はお金として成り立っているだけなんです。

要は、お金の特性自体にはいいも悪いもなくて、ネガティブな印象で見る人にとっては、ネガティブな物質。逆にポジティブな印象で見る人にとっては、ポジティブな物質となります。

大昔の人たちはもともと、物々交換で欲しいものを得ていました。それが時代とともに、布・塩・砂金など誰もが欲しがるものを交換の仲立ちとして用いるようになって、その後、国の中央政権が「この紙と金属にはこのくらいの価値がある」と決めるようになって紙幣や貨幣が発行されるようになりました。

というふうにお金の実体を整理してみれば、「たかが紙と金属に対して、自分は不安を感じていたのか！」と気づきませんか。

さて、ここまでは物質的でリアルな世界から見たお金のお話でした。ここからは非物質的でスピリチュアルな側面から、お金をもう一度見つめてみましょう。

スピリチュアルな目でお金を見ると、お金の正体は、愛と感謝と信頼のエネルギーです。金運上昇とは、**あなたの金運の器にポジティブなエネルギーが流れ込み、それにともなってお財布や銀行口座にリアルなお金もザクザク巡り、豊かになる**ということです。

たとえば、あなたが「目の前の1つひとつの物事に感謝しよう。

感謝の表現として、お金を払おう。感謝をもっと循環させよう」と思えば、周囲のお金の循環がよくなって、金運は上昇します。あなたが人に感謝されること（お金を払ってもらえること）をするのもいいですよね。

それから自己肯定感のエネルギーもお金と深く関係します。あなたの自己肯定感が上がり、自分に自信がつくと、なぜかお金の循環がよくなって金運も上がるんです。

逆に、自己否定して「どーせ私なんて何をしてもダメなんだ」といって行動や挑戦をためらっていると、お金の循環は滞り、金運は下がります。

もし心当たりがあるなら、そういう思い込みはさっさと手放してしまいましょう！　具体的な手放し方は、第3章「お金への不要な思い込みの解除」で紹介しますが、まずはお金の正体を明確に捉え、「お金の正体はポジティブなエネルギー。豊かさを受け取るには、愛と感謝と信頼が大切」とだけ覚えておいてくださいね。

法則 03

預金残高は
あなたの自信を
数値化したもの。
増えるも減るも自分次第

お金の正体は紙と金属だと話しましたが、近年では、紙と金属でさえなくなり、ただの数字になりつつあります。お金が出入りしても、通帳やスマホの決済アプリ上の残高が上下するだけの状態です。

実は残高の上下動は、あなたのエネルギーと比例します。この法則を実感するには、まず1週間だけ、大きな金運の器を持っている自分の姿をイメージし、「私は豊か！」と思いながら、お金を使ってみてください。そして翌週は器のことは忘れ、「こんなに使って大丈夫？」と不安な気持ちでお金を使います。すると1週めはたくさん使っても残高が減りません。逆に臨時収入で数字が増えるかも。しかし2週めは、一気にお金がなくなります。

なぜなのか。**「ある」前提のいいエネルギーの状態でいると、本当に欲しいものだけにお金を使い、無駄な出費はしなくなります。お金が循環するから臨時収入も入りやすくなります。**逆に不安だと、「ない」前提で使うので、どんどんお金が減ります。

使っても使ってもお金が増える自分に変わりませんか。

法則 04

お金に関する不安も怒りも しっかり感じ切ると 金運の器が大きく育つ

金運の器を磨き、大きく育てていくにはどうすればいいのでしょうか。それには何より、金運の器の持ち主であるあなた自身を大切にすることです。自分自身を大切にするための最も大事なアクションは、自分のどんな感情にも、しっかり寄り添うこと。

ポジティブな感情は、存分に感じ切って、いつでもその感覚を再現できるようになれるとグッド。

ネガティブな感情のほうも、**「お金がなくて将来が心配！」であれ、「安月給で嫌になる！」であれ、見て見ぬふりをしないで、しっかり感じ切ってください**。そのうえで、そうした不安や怒りをいつまでも後生大事に抱えている必要はありません。なぜ不安になるのか、なぜ怒りたくなるのかを掘り下げ（詳しい掘り下げ方は、第3章でご紹介します）、そうした感情が湧く原因が明確になったらスパッと手放します。ネガティブを感じる、掘り下げる、手放す、行動する、感じる、掘り下げる、手放す、行動する……このプロセスを何度も繰り返すと金運の器はどんどん大きくなります。

法則 05

お金も人脈も
ご機嫌でキラキラしている
人のもとに引き寄せられる

金運の器を育てるには、持ち主であるあなた自身を大切に扱うこと。そのためには、自分を磨き、喜ばせる習慣もとても有効です。たとえば、お気に入りのケア用品を使った毎日の肌や髪のケア。自分をステキに見せてくれる洋服やアクセサリーを身につけるのも、気分がアガりますよね。

身なりを整え、ご機嫌な自分でいるのは、それだけでもとても喜ばしいこと。さらに、そんなキラキラのあなたにのもとには、あなたにふさわしいお金や人脈が、豊かに引き寄せられてきます。

美容やファッションをめいっぱい楽しむだけでなく、おいしいものを食べたり、好きな音楽を聴いたり、芸術に触れたり……そうした五感で感じる行動によって、自分が磨かれたり、ご機嫌が回復したりするのを感じる人もいるでしょう。

自分のご機嫌を自分でしっかり取れる人の金運の器は、そうでない人と比べて、格段に大きいです。あなたは、どんなことをするとご機嫌になれますか？

法則 06

「出して、受け取る」で循環させることがお金の鉄則

近年の開運系の本やSNSでは、「お金は出せば出すほど入ってくる」といったフレーズがよく見られます。実際、お金を使うことこそが、金運を上げるファーストステップと信じている人は少なくないようです。しかし、いうまでもなく、あなたの手元にどんなにお金があっても、出すだけでは、いずれなくなります。金運の器に豊かさが流れ込み、お金がザクザク入ってくる状態になるには、受け取る力も併せ持ち、お金を循環させなければなりません。

お金は「出して、受け取る」が大前提。**出す力と受け取る力の両方のバランスが釣り合っていないと、お金が循環しないので金運は上がりません。**でも、出すのは得意だけれど、受け取るのは苦手だという人、「受け取り偏差値」が低い人がすごく多いのです。

受け取る力を高めるのはとても簡単。誰かが何かしてくれたとき、「ありがとう♡」と相手にかわいく伝えるんです。たとえば、友だちが「今日はお給料が入ったから、おごっちゃうね！」といってくれたとします。そんなとき、どんな返答をしますか？

「えっ！ 悪いからワリカンで！」と、せっかくの提案を無意識のうちに断っていませんか。あなたは善意から断ったかもしれませんが、これって、豊かさを受け取り拒否している状態です。

あるいは、あなたのパートナーが「今日はなんだかかわいいね」とほめてくれたとき、「そんなことないよ！ 服だって去年のだし、美容院もいってないし！」なんて返していませんか。あなたとしては謙遜のつもりかもしれませんが、これも受け取り拒否です。

このような反応の裏には、「私には、豊かさや喜びを受け取る価値がない」という誤った思い込みがあります。こうした劣等感や罪悪感のせいで、あなたの器は、せっかくのポジティブなエネルギーを受け取れなくなっているのです。

おごられたとき、何かもらったとき、ほめられたときは、すなおに「ありがとう」と受け取ってしまいましょう。最初のうちは、なんだかムズムズするかもしれません。でも徐々に慣れて、あなたは豊かさを受け取る機会にいっそう恵まれます。

おごるね
うれしいっ！
ありがとう！

法則07

お金は循環しているだけ。そう気づけばお金は絶対になくならない

驚かないでくださいね。お金って「絶対になくならないもの」なんですよ。私自身、この事実に気づいたときは衝撃でした（笑）。

お金は、あちらにもこちらにも空気のようにあたりまえに存在し、いつも循環しています。たとえるなら、あなたのお財布は、お金の停車駅のようなもの。駅には電車がやってきますが、いずれ出発していきます。そして別の電車が停車し、また出発していきます。それと同じように、お財布でも、たくさんのお金が入ったり出ていったりしているとイメージしてください。

お財布に入っている紙幣や貨幣に、自分の名前を書くことはありません。だからお金は、けっして誰かのものになることがありません。絶えず、ただ循環しています。

あなたのお財布は、見えない線路でたくさんの人たちのお財布とつながり合って、お金をぐるぐると循環させています。

あなたの金運の器もそうです。**たくさんの人たちの器とつながり合っていて、お金や豊かさをぐるぐる循環させています。**

法則 08

あなたのもとにやってくるお金はあなたが思い描く金額どおり

「残高が足りない！ ピンチだ！」と思ったとき、タイミングよく臨時収入があった……そんな経験はありませんか。

不思議だと思うかもしれませんが、あなたの金運の器には、あなたが思うとおりの豊かさがやってくるようにできています。

「私には月20万円がふさわしい」「これでじゅうぶん。いまこのお金の状態が、自分の身の丈に合っている」のように思っていると、器にはそのとおりの額しかやってきません。あなたが思い描かなければ、月50万円や100万円が入ってくることはないです。

その反対で、**「私にはもっとステキな生活がふさわしい」「自分はもっと受け取る権利がある」**とピュアに思っている人のもとには、**お金がどんどん流れ込んできます。** このような人の金運の器は、お金の循環も活発なのです。

この本を手にしたあなたは、いまよりもっと豊かさを受け取るのにふさわしい人。この本を手に取ってくださったことが何よりの証拠！ あなたの器で、無限の豊かさを受け取りましょう！

法則 09

あるにフォーカスするだけで豊かさは一気に流れ込んでくる

金運の器を大きくしたい、豊かになりたいとおっしゃる人たちに、私はいつも「**まずは『お財布に1000円しかない』ではなく、『1000円もある！　ひゃっほ～！』と感じてみてください**」とお話しししています。「ある」にフォーカスするということです。

会社員なら、毎月決まった額のお給料が振り込まれます。お給料が毎月入ってくると知っているから、本当にお金が入る。要は、あるにフォーカスし、そのお給料があるのはあたりまえだと感じ切っているから、そのとおりの現実がもたらされているわけです。

『1000円もある！』と思いたいけれど、なくなってしまうのが怖いです」という人もいますが、これは「エセある」（笑）。なくなるのが怖いのは「ない」にフォーカスしているから。だから、本当になくなるんです。

あなたの手元にお金や豊かさがあるのを、あたりまえのこととして「感じて」いれば、その状況は現実となります。このとき、**あると「思いたい」、あると「信じる」では、ないのと同じ**です。

法則 10

願いのパワーを もっともっと高めて 理想の金運を現実化！

私のところに相談に来られるかたたちと接してきて、わかったことがあります。願いが叶わない人は、願うパワーが足りないのです。「お金があったらなぁ」「お金持ちになれたらなぁ」と漠然と思うだけで、しっかり願っていないんです。それもそのはず。多くの人は、願うことが苦手です。だって私たちは、学校でも家庭でも、常識的で一般的な生き方のレールに乗せられ、何かを自由に願ったり、願いを実現しようとしたりする体験をしてこなかったですよね。

でも宇宙はいつでも、私たちが願うとおりの現実を叶えます。**認めたくない人もいるでしょうが、いまあなたの目の前に広がっているのは、宇宙が叶えてくれた、あなたの願ったとおりの世界**です。

いまこの現実を変えたい。金運を爆上げしたい。それなら、理想の未来、理想の豊かさを明確に描き、しっかり願うことが大切です。その願いは、宇宙の采配（さいはい）によって現実となります。

あなたの金運の器には必ず、あなたが思ったとおり――いや、それ以上の豊かさが流れ込みます！

法則 11

最高最善の形でお金がやってくるのをイメージし、行動する!

あなたが持っている、お金や豊かさを受け取る「金運の器」についてしっかりイメージがつかめたところで、ここからは、あなたの金運を爆上げするための「金運革命」の起こし方を伝授します。

革命とは、お金や豊かさに関するふだんの何気ない思考や習慣をガラリと転換すること。そうした革命を起こせると、停滞していたお金の循環がみるみる復活し、あなたの器はますます有効に活かされます。

では、革命の1つめ。実は**「お金が欲しい」という願い方には要注意。というか危険です！**

私は、お願い事を文字で書くのをおすすめしています。それでときどき、私のSNS上でフォロワーさんたちに「あなたのお願い事を書いてください」と呼びかけ、コメントしてもらっているのですが、このときに多いのが「お金が欲しい」と書かれるかた。でも、この書き方だと、お金そのものが目的となりますから、事故に遭って保険金が下りたり、病気で見舞金をもらったりなど、宇宙はあなたにお金を届けるための手段を選びません。だから、お金についてお願い事をするときは、あなたにとってうれしくないプロセスでお金が来ないよう、左のノートワークのようにやってみてください。

まずお願い事は「○○ために最高最善の形でお金がやってきました。ありがとうございました。」と書きます。欲しいものを買うため〜とか、勉強するため〜とか、あなたの希望を書くのです。

次に、書いた言葉をときどき見返して、書いた願いが叶ったときの自分をありありとイメージします。「お願い事を書いても、なかなか叶わない」と嘆く人の多くは、書いただけで満足して、行動しない人。逆に、**ワクワクとイメージし、行動している人は、倍速でお願い事が叶います**。必要な金額が直接あなたに届いたり、あるいは欲しかったものを誰かが突然プレゼントしてくれたり、勉強を教えてくれる人にふと出会ったり、不思議な偶然で、あなたの願いは最高最善のプロセスで実現していきます。

さぁ、さっそくあなたのお願い事を書いてみましょう！

年　　月　　日

NOTE WORK

私のお願い事

「

」

ために最高最善の形でお金がやってきました。
ありがとうございました。

「

」

ために最高最善の形でお金がやってきました。
ありがとうございました。

「

」

ために最高最善の形でお金がやってきました。
ありがとうございました。

「

」

ために最高最善の形でお金がやってきました。
ありがとうございました。

「

」

ために最高最善の形でお金がやってきました。
ありがとうございました。

※巻末に予備のシートがあるのでご活用ください。

法則 12

お金は単なる手段。あなた自身が本当に欲しいものが何かを知る

私のオンラインサロンやSNSで「あなたのお願い事はなんですか?」と投稿すると、「お金持ちになりたい!」という回答が山のように届きます。たしかにお金は必要ですし、あればあるほどうれしいです。でも、本当にお金が欲しいのでしょうか? お金は、欲しいものを手にしたり、やりたいことを実現したりする手段であって、お金そのものが最終目的ではないはずです。

自分が本当に求めていることがよくわかっていないため、とりあえず手段だけでも手に入れようという意識が働いているのかもしれません。でもあなたの目的が明確でなければ、宇宙は何も与えてくれません。**何が欲しいのか。何がやりたいのか。なぜお金がいるのか。その根拠が金運上昇には不可欠です。**

「本当に欲しいもの」を知るために役立つのが、次のページのノートワークです。自分は何が好きか、何が大切か、できるだけたくさん書き出してみましょう。そして最後に、そこから見えてきた理想の人生についても心のままに書いてみてくださいね。

私の理想を知る

おいしい食べ物

快適な空間

気分がアガる音楽

心地いい香り

好きな服

年　　月　　日

大切な人

幸せな時間

大好きなもの

理想の人生

※巻末に予備のシートがあるのでご活用ください。

法則 13

「私は豊かになるのがふさわしい」と決めつけると豊かになれる

仮にあなたが、「いまは１ＤＫの賃貸だけど、３ＬＤＫの大きな家に住みたい」と願ったとします。その願いを叶えるには、どうしたらよいでしょうか。

簡単です。「私には３ＬＤＫの家が必要で、そこに住むのがふさわしい」と決めて行動するだけで、広い家が手に入ります。逆にいえば、いまのあなたが１ＤＫの賃貸で暮らしているのは、気づかないうちに「私は１ＤＫの賃貸がふさわしい」と決めているから。

夢を叶えるには、その夢の実現があたりまえに必要で、自分はそれにふさわしいと設定すること。決めるというより、むしろ「決めつける」くらいの強さが大切です（笑）。

ただし月収20万円の人が「私には月収１００万円がふさわしい」と決めつけても、お金目的だけだと弱いんです。それよりも「こういう広さの家でゆったり暮らしたい」「こういうスペックの車でデートに行きたい」「家族で年３回海外旅行がしたい」のように、**望む豊かさを具体的に設定するほうが、願いはスムーズに叶います。**

法則 14

金脈クリエイトすれば もっと自由に楽しく お金を稼げる

先日、私のインスタグラムのフォロワーさんから、「いまの職場ではお給料が上がるイメージが湧きません」という悩みを打ち明けられました。

たしかに、会社員のお給料は会社が決めるのですから、こんなふうに感じている人は少なくないでしょう。でも、お給料を上げるだけが、収入を増やす方法でしょうか。

幸いにも、私たちが暮らす日本には、自由にお金を稼げるツールがあふれています。たとえばSNSを駆使して、自分の作品をオンラインで売ることができます。売る作品は、ものでも情報でもOKです。楽しい投稿をたくさんアップして、アフィリエイト（※）で稼ぐこともできます。自分のチャンネルを開設して動画配信をして、それを気に入ってくれた人から投げ銭をもらうこともできます。クラウドファンディングでお金を集めて、斬新な商品やプロジェクトを実現することもできます。

誰もが、個々の能力を存分に発揮できるツールがたくさん揃って

※ブログやSNSに商品販売サイトや会員登録サイトのリンクを貼り、誰かがそのリンク経由で商品を買ったり会員登録したりすると、リンクを貼った側に報酬が支払われるしくみ

いる時代。いろんな金脈、いろんなチャンスがあって、あなたの自由な発想で収入の柱は簡単に増やせます。

ですから、お給料が上がるのを指をくわえて待っているのはもったいない！　あなたにとっての金脈はどこにあるのか、左のノートワークのシートにクリエイティブなマインドで書き出してみましょう。思いつくまま、書けるだけ書いてみてください。

収入の柱は3本あるといいです。3本あれば、たとえ1本が細くなったりなくなったりしても、お金の流れが維持されるからです。夫婦共働きであれば、すでに2本の柱があるわけです。あなたがもう1本の金脈を見つければ3本になります。

まだ3本未満のかたでも、金脈は必ずあります。それも意外とすぐそばにあるものです。あるのに気づいていないだけ。もし興味があるなら「投資の勉強をする」「株式の勉強をする」みたいなのもOKです。ゲームを楽しむように、金脈クリエイトのノートワークをやってみてくださいね。

年　月　日

NOTE WORK

金脈クリエイト

私の得意なこと

私の好きなこと

私が心からやりたいこと

なんとなく ワクワクを感じること

※巻末に予備のシートがあるのでご活用ください。

法則 15

収入を3本柱にするのは簡単だが安易に稼ごうとするとうまくいかない

収入を3本の柱にするというと、最初は、「大変そう」「忙しくなりそう」「わけがわからなくなりそう」と思う人もいるかもしれませんが、そんなに難しいことではありません。

ポイントは力の配分。**すべて全力でなくてOK**です。1本目は本業の柱。勤め先や経営している会社の仕事です。2本目は力を入れずにできること。投資など、お金がお金を呼んでくるようなものがおすすめです。3本目は気楽に続くこと。好きなことをブログに書いてアフィリエイトで稼ぐとか、フリマサイトで手作りの小物を売るとかいったことです。何本めの柱が最も太いかは人それぞれです。

なお柱を増やす際、「楽に稼げる！」「すぐに月収100万円」などの甘い言葉にだまされて、怪しい情報商材を買ったり、グレーなビジネスを始めようとしたりしないこと。そんな甘い言葉に惹かれるのは、まだあなたの中に、豊かさを「自分の力で」ではなく「誰かに頼って安易に」得たいという心があるからです。

大丈夫！ **自分を信じて行動すれば、豊かな未来がやってきます。**

法則 16

日常のあたりまえを疑って「まぁいいか」から脱却する

目の前に広がる景色や生活を見直してみると、自分の無駄なお金の使い方の傾向が見えてきます。

たとえば、ふだん身につけている服、部屋に飾ってある置き物、引き出しの中の文房具、スマホの中の暇つぶしのアプリ……。本当にそれはあなたにとって必要なものなのか、あなたの好きなものなのか、ワクワクするものなのか疑ってみてください。

あたりまえを疑う目で見てみると、**あなたの周りには、「なんとなく」「まぁいいか」で買ったものや、なくても大して困らないものであふれている**ことに気づくはずです。

豊かな人は、妥協して買ったものは持っていません。本当に役に立つもの、大好きなもの、心がときめくお気に入りのものに囲まれて生きていて、身の回りのものすべてを愛し、活用しています。

なくても困らないものを妥協で買うのをやめれば、それだけで、かなりの金額が節約できます。しかも身の回りの環境も整って、もっと豊かな気分で過ごせて、金運も勝手にアップしていきます！

法則 17

お金は常に動いているから、同じように意識的に動き回る

お金は、川のように流れ、絶えず循環します。常に動いています。

「波動同調の法則」といって、波動、性質が同じものどうしは互いに引き合います。だから、自分のもとに手っ取り早くお金を引き寄せたいときには、あなた自身も意識的に動くこと。運動は、その字のとおり「運を動かす」にはもってこいです。

体を動かすと、じんわり汗が出て、のども渇くから、水を飲みます。飲めば、トイレにもいきたくなります。体の老廃物が排出されて体が浄化されると、体内によい気が巡るので、ますますお金が集まってきやすくなります。できれば水か白湯を、1日かけて1・5リットル以上飲めると、さらに循環が促されます。

ウォーキングでもストレッチでも、あなたの好きなやり方で動けばいいのですが、最もおすすめなのは家のお掃除。週に何度か、じんわり汗をかくくらいのお掃除もおすすめです。

この後、第6章で風水を紹介する際にもお伝えしますが、家の気が整うと金運は底上げするので、まさに一石二鳥です。

法則 18

スピリチュアルとリアルのバランスがよくなると金運爆上がり！

もしあなたが不思議な話が大好きで、実際に不思議なことがよく起こる「スピリチュアル体質」を自覚しているなら、そのスピリチュアルさがもたらすワクワクポジティブなエネルギーも維持しつつ現実的なお金のルールも勉強して、スピリチュアル志向とリアル志向、両方が必要だと心に留めておいてください。

「宇宙から100万円が降ってくる♡」といっているだけでは、本当にお金が舞い込む可能性は低いです。そういう偶然が1、2回あったとしても、それはコンスタントには続きません。なぜこんな話をするかというと、私も昔はふわふわスピリチュアル体質だったから。当時の私は「ありがとうを1万回いうと奇跡が起こる」と本気で信じ、仕事もそこそこに「ありがとう」を1日じゅうつぶやき続け、その結果、預金残高48円の大ピンチを経験しました。

いまは、お金の勉強をしてリアル志向を取り入れて、金運爆上がり。商売も上々です。スピリチュアルな人が現実的な経済や経営のルールを学べば、本当にみるみるお金が循環します（※）！

※現実志向のかたは、「まさか」と思いながらでもいいのでスピリチュアル志向を取り入れてみてください。みるみるお金が循環します！

法則 19

お金の循環を縮尺して体感すると循環が滞る2つの原因が表面化する

先日、ＫＡＤＯＫＡＷＡさんの主催で『金の福の神とつながる方法』と題したイベントを行ったのですが、そのとき「お金循環ワーク」を参加者のみなさんとやりました。10人ほどで輪を作ったら、みんな、自分のお財布からリアルな1万円札を1枚取り出します。そしてプレゼント交換のように、その1万円札を右隣の人に渡したら、左側の人から1万円札を受け取って、これを繰り返して、お札をグルグル循環させていくワークです。どの輪もとても盛り上がっていました。

文字で読むだけでは、なんてことのないワークと思われるかもしれませんが、実はこれ、すごく心がざわつくワークです（笑）。ざわつくポイントは人によって2パターンあります。1つは、自分の1万円を他人に渡す瞬間にざわざわする場合。もう1つは、他者から受け取る瞬間にざわざわする場合。もちろん、渡すのも受け取るのも、両方ざわつく人もいます。

このワークをすると、**お金を「出す」ことが苦手なのか、「受け**

取る」ことが苦手なのかがわかります。でもお金を出したり受け取ったりして「循環」させればさせるほど、金運は爆上がりします。どちらの苦手も不要なのでスッパリ手放し、「私は最高最善に幸せなお金を手にすることができます。最高最善に幸せな豊かさを循環させられます。」というダウンロードワードを刻んでください。

さて、このワークにはもう1つ、気づきのポイントがあります。みんなでお金を循環させていると、すぐに、自分がもともと持っていた1万円がどれだったかなんてわからなくなります。

そう。**お金も豊かさも究極、誰のものでもないんです。ただ私たちの周りをあっちにいったり戻ってきたり、ひたすら循環し続けているだけ。**お金は1カ所にとどまることがなく、でも、けっしてなくなることもない存在です。

お金のリアルな循環を、縮尺して体感できるこのワーク。本当におもしろいので、あなたと同じように金運爆上げしたいと思っているお仲間を数人集めて、一度試してみてはいかがでしょうか！

10000
10000
10000
10000

法則20

「私なんてどーせ無理」から「私はどーせうまくいく」へ！

金運革命の起こし方をお伝えするのも、いよいよ最後のページ。ラストに、最強に効果的な金運革命の起こし方を伝授しましょう。あなたは新しいことをしようと思いついたとき、つい口グセで「でも、私なんて」とか「どーせ無理」とか、いったり思ったりしていませんか。もしそうなら要注意。

自分の価値を低く見て、自分には行動を起こす力などないと思い込まないで。行動を怖れたり、めんどうくさがったり、あきらめたりしないで。行動せずに済むいいわけなんてしないでください！だって**現実的な行動こそがお金をもたらし、循環させるんです。逆に、行動をためらうマインドは金運爆上げを何より妨げます。**現状にとどまろうとする思考から抜け出さないと、いつまでたっても宇宙から豊かさは流れてきません。

行動なくして、金運上昇はありません。「どーせ無理」といいそうになったときは、「どーせうまくいく」に変換して、自分を信じてとにかく動きましょう！

法則21

外側の「ブロック」でなく内側の「思い込み」を解除せよ

「お金に関して〝ブロック〟があるから、私にはお金が巡ってこないんです。ブロックさえ外れれば、私もお金持ちになれる気がするのに、ブロックの外し方がわからないんです……」のようにいう人が、よくいらっしゃいます。ただ、実はそもそも、ブロックなんてありません。

ブロックというと、あなたの外側にブロック塀のような壁があって、それで、お金や豊かさがあなたのほうに流れ込むのを阻止されているような、そんなイメージが浮かびます。でもそうではありません。お金や豊かさがやってこないのは、あなたの外側にブロックがあるからではなく、あなたの内側にお金に関する誤った思い込みがあるから。だからあなたがすべきなのは、ブロックを外すことでなく、自分自身の一部となっている思い込みの解除です。

ただし、ここで注意。**その思い込みはけっして悪者ではないので、敵視しないこと**。自分を守るため、安全に生きていくため、あなたの潜在意識は、わざとネガティブな思い込みをしていたのです。

その思い込みを手放し、不要な思い込みの代わりに、お金についての正しい情報を宇宙からダウンロードすれば……あなたの金運はたちまち一変します！

不要な思い込みの存在に気づいたら、まず、なぜそんな思い込みをするようになったのか掘り下げることが大切です。「なぜ私は、お金は怖いものだと思い込んでいるのか」「なぜ私は、自分はお金持ちになれないと思い込んでいるのか」「なぜ私は、お金を得るのは大変なことだと思い込んでいるのか」「なぜ私は、お金持ちは悪い人だと思い込んでいるのか」……。

そうして思い込みの根っこにある感情や記憶を見つけられたら、**「これまで私を守ってくれてありがとう。もう、この思い込みはなくても大丈夫だよ」**と、思い込みを手放します。

この章では、思い込みに気がつくヒント、解除の仕方、解除後にダウンロードする最強のお金のイメージをお伝えしていきます。思い込みを外して、どんどん豊かになっていきましょう！

ブロック
100
500
10
10000
10000
10000
10000
500
10
100
ブロック
お金は
怖い！
お金持ちは
悪！
思い込み

法則 22

いま豊かさを感じられたら未来はもっと豊かに幸せになれる

「いまが豊か」「いまが幸せ」と実感できる人は、未来もずっと豊かで幸せです。いまが貧乏で不幸だと感じている人は、未来もずっと同じです。なぜなら、人はいましか生きられないからです。

いまという点が続いて、やがて線になり、未来になります。いまお金がないと思っていたら、未来もずっとないと思い続けることになります。でも逆に、**いま「お金がある!」と思えたら、未来はもっとお金がある状態になります。**

たとえば「老後が心配」という声を、私も身近でよく聞きますが、不安な人って、漠然と不安を抱えているんです。まだ訪れていない将来のために、いまを楽しめずにいるのはとても残念ですよね。

不安を払拭するには、めちゃくちゃ楽しくワクワクした気持ちで、老後を計画してみてください。いまがハッピーだと、ネガティブな思いは消えていきますよ。

いまのあなたが感じている思いは、そのまま未来のあなたに受け継がれます!

法則 23

お金に関する
ネガティブな経験や感情は
金運爆上げのお宝チャンス！

過去にお金にまつわる面倒な出来事を体験したことはありませんか？　お金が原因で人間関係にトラブルが起きたことはありませんか？　お金のことを考えただけで、なんだか心がモヤモヤ、ざわざわ、違和感や居心地の悪さを抱くことはありませんか？

実はこうしたネガティブな経験や感情は、お金に関するカン違いや思い込みに気づく大チャンス！　お金に関する困りごとがあったり、ネガティブな気持ちが出てきたりしたら、ぜひやってほしいアクションがあります。**「なぜそう感じたのか」「なぜモヤモヤするのか」を、潜在意識の深いところまで掘り下げてみましょう。**

ポイントは、主語を必ず「私は」にすること。そして「なぜ」を問い続けること。しっかり掘り下げると、必ず1つの答えにたどり着き、金運のカン違いにつながっていた「思い込み」が見つかります。掘り下げには93ページのノートワークが役立ちますが、詳しくは後述しますね。思い込みが見つかれば、あとはもう手放すだけ。手放した先で、あなたは金運爆上げ体質へと変化しています！

法則 24

潜在意識と顕在意識が両想いになったら願いは即座に叶っていく

自分で自覚できている意識のことを「顕在意識」といい、自覚できていない意識のことを「潜在意識」といいます。そして、私たちの意識全体のうちの約9割を占めているのが、潜在意識です。

たとえば、あなたのいまの月収が30万円だとして、「月収100万円欲しい」と願ったのに、月収はちっとも変わらないとします。それは、潜在意識では実は欲しいと思っていないから。子どもの頃から現在までの経験や環境によって、**潜在意識に「お金は汚くて、危なくて、苦しいもの。だからいらない、必要ない」といった思い込みがあると、いくら顕在意識で「欲しい」と思ってもお金はやってこない**んです。これでは金運はなかなか上昇しませんよね。

こうしたときも掘り下げです。そう思い込んでしまったのは「なぜ」なのか、自分に問い続けましょう。問い続けているといつの間にか、潜在意識にあったネガティブな思い込みが外れ、顕在意識と潜在意識が両想いになります。すると欲しいものが魔法のようにどんどん現れ、すんなり手に入るように。まさに金運上昇です！

法則25

親の口グセの影響は学びと感謝を済ませたら即解除できる

私たちは、生まれ育った環境の影響を知らず知らずのうちに受けています。特に影響が大きいのは、やはり親の口グセ。小さい頃に何気なく聞いていた言葉は、潜在意識に入り込んで現実に現れます。たとえば「うちは貧乏だから」「うちにはお金がない」「贅沢するのは恥ずかしい」「がまんしなさい」「汗水たらして働かないとお金は稼げない」など、このような言葉を聞いているうちに、気づけばあなたもその言葉が口グセになってはいないでしょうか。

ただし、その環境や親が悪いのではありません。というのも実は、私たちは生まれる前に、環境も、親も、自分で選んで生まれてきているからです。**親のその口グセは、私たちが自分で設定した、学びの課題**。いま、親の口グセに囚われてお金に苦労している人がいたら、それはあなた自身が、学び、乗り越える体験をしたいと思ったから。もうじゅうぶんに学び切ったと思えたら、こうつぶやいてみてください。「この学びは終えました。ありがとうございました」と。するとその思い込みはきれいサッパリ手放せます！

法則26

シンプルなノートワークでポジティブなお金のイメージは手に入る

ここまで、お金に関する「思い込み」の存在と、思い込みを解除する理由、解除のきっかけについてお話ししてきました。さぁ、いよいよ思い込みを解除する方法に触れていきます。

まず、お金についてどんなイメージがあるのか、91ページの「私のお金のイメージ」のノートワークのシートに書き出してみます。中央の「お金」の文字をなぞったらそこから放射状に、思いついた言葉をテンポよく書きます。ポジティブな言葉もネガティブな言葉も出てきますし、お金に関係なさそうな言葉もあるかもしれません。同じ言葉がいくつも出てきたりもします。たくさんの言葉があふれてきたなら、丸枠やカッコを自由に増やしてもOKです。

ページいっぱいに書けたら、それが**いまのあなたのリアルな「お金のイメージ」で、「お金の思い込み」につながる重要なデータ**です。

そこにはきっと、「お金の不具合」がいくつか具体的に表れています。そのなかで最も印象的な不具合を丸で囲んだら、「お金の不具合の正体」を掘り下げるワークに進みましょう。

※ノートワークのシートは91ページです

法則27

お金の不都合な思い込みを外すには「私」を主語にして考える

「お金の不具合」を見つけたら、なぜあなたはその不具合を抱えるに至ったのか、不具合の原因である「思い込み」を探ります。まず93ページの「お金の不具合の正体」のノートワークのシートのいちばん上に不具合を書いて、そこからページの下側に向かって「なぜ」そう思ったのか理由を書き出します。**自分に100％の興味と関心を注ぐのがコツで、他者のほうを見ないこと**。たとえば「いつもお金が足りない」と感じる原因を探るとき、「旦那のお給料が少ない」「子どもがおこづかいが足りないという」など他者のことを書くのは×。「欲しいものを買うのを遠慮してしまう」「傷んだ靴をいつまでも新調できないのがみじめ」のように、自分の思いや状況を書きます。主語は常に「私」です。

「なぜ」のほか、その感情が起こるのは「いつ、どこ」なのかを書いたり、その状態が続くと「最悪どうなるか」を書くのもＯＫです。ノートの下端まで書き進めたら、最後の言葉が、不具合の根本的な正体。お金の不具合を生み出している、解除すべき思い込みです。

※ノートワークのシートは93ページです

法則 28

「がんばらなくてもお金はザクザクやってくる♡」に潜在意識を書き換えよ

92ページの「お金の不具合の正体」を知るワークの事例を見てください。「月末になるとお金が足りない」との不具合があるクライアントさんがワークをしてくれたのですが、彼女の潜在意識の奥底には「がんばるのは嫌だから、お金はなくてもいい」という不具合の正体が見つかりました。でも、お金はいくらでも宇宙から降り注いでいるんだから、がんばらないとお金が足りなくなるというのは思い込み。**その思い込みさえなければ、がんばらなくても豊かになれます。**「がんばるのは嫌」は手放し、「がんばらなくてもラクチンハッピーに、お金はザクザクやってくる♡」に書き換えるように彼女にアドバイスしたところ、お金がザクザク流れ出すようになり、彼女は月末にお金で困ることがなくなりました。

お金の不具合の正体を、あなたも掘り当ててみてください。**正体を文字で認識できると、心がスッキリします。それは、あなたの金運の器の中身がからっぽになったから。**その器で、宇宙から降り注ぐ豊かさをどんどん受け取りましょう！

NOTE WORK

私のお金のイメージ（例）

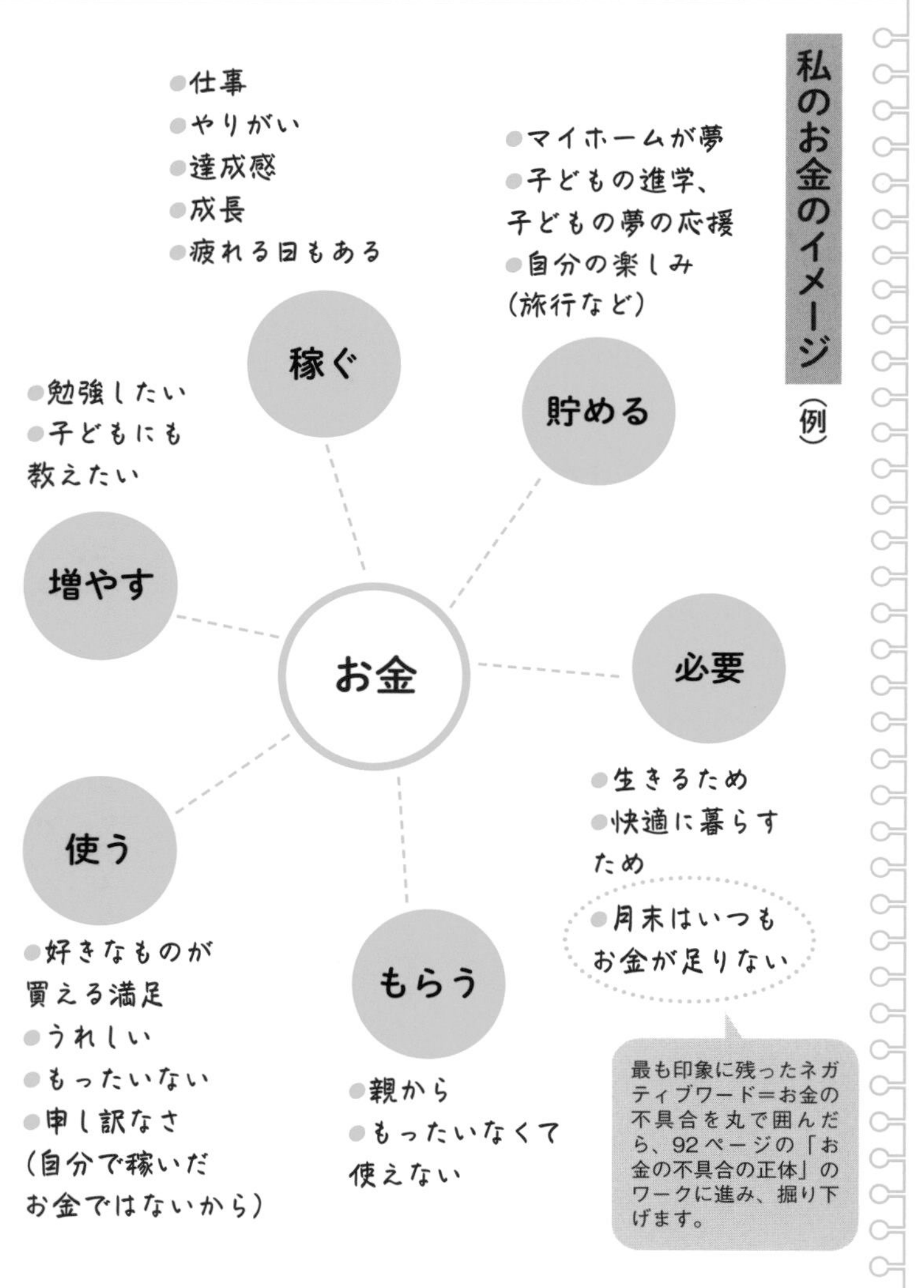

年　月　日

私のお金のイメージ

お金

●(　　)
●(　　)
●(　　)
●(　　)
●(　　)

最も印象に残ったネガティブワード＝お金の不具合を丸で囲んだら、「お金の不具合の正体」のワークに進み、掘り下げます。

※巻末に予備のシートがあるのでご活用ください。

お金の不具合の正体（例）

お金の不具合

月末になるといつもお金が足りない

まず90ページの「私のお金のイメージ」で見つけたお金の不具合を書きます。

Why?

私の収入が少ない

Why?

サラリーマンの給料は限られている

Why?

特別な能力がないから

Why?

お金持ちの人はみんな特別な能力がある

Why?

特別な能力があるのはがんばっているから

Why?

がんばらないとお金持ちになれない

Why？（なぜ）にならなくてもOK。連想された言葉を書いていきます。

Why?

がんばると疲れる

Why?

疲れるよりも楽して生きたい

Why?

お金の不具合の正体

がんばるのは嫌だから、お金はなくていい

94ページの手順で解除します。

年　月　日

お金の不具合の正体

お金の不具合

Why?

Why?

Why?

Why?

Why?

Why?

Why?

Why?

Why?

お金の不具合の正体

※巻末に予備のシートがあるのでご活用ください。

法則 29

思い込みを解除したら豊かでハッピーなお金のデータをダウンロードする

お待たせしました。いよいよ、あなたのお金に対する思い込みを解除します。

あなたの頭上からひと筋の光が降りてきて、思い込みを優しく包みます。光をまとった思い込みは、上へ上へと上がっていって、やがて見えなくなります。——これで解除完了。簡単ですね。

思い込みがなくなると、あなたの潜在意識の奥底には、空間ができます。そのままにしていると、また同じ思い込みが戻ってきてしまうので、その空間に、お金についての最高に豊かでハッピーなイメージのデータをダウンロードして、空間を埋めておきましょう。

次のページをめくったら、**「3つのダウンロードワード」を見つめながら、宇宙からあなたの頭上へ強力な光が降り注ぎ、頭頂からまばゆい光のデータが体に入ってくるのをイメージしてください。**

2つのノートワークで思い込みを解除して、ダウンロードワードを入れる。この作業を何度も繰り返してください。やればやるほど、豊かでハッピーなデータが定着していくからです。

最高に金運が爆上がりする魔法をかける！
3つのダウンロードワード

「私は最高最善に幸せなお金を手にすることができます。」

「私は最高最善に
ラクチンにハッピーに
理想の収入と理想の生活を
実現できます。」

「私は最高最善に幸せな豊かさを
循環させられます。」

ダウンロードしたら、
宇宙に向かって「ありがとうございました！」と伝えましょう。

法則 30

揺り戻しの現象さえ実はあなたの変化を加速してくれている

お金の不具合も、不要な思い込みは、1つではありません。何度も何度もノートワークをして、ダウンロードワードを入れてください。やればやるほど、あなたの周りのお金の流れは変わります。

ところで、よくいただく質問なのですが、あなたがいい方向に変わっていくのを、反対側へ引き戻そうとする人がいたら、どうすればいいでしょうか。答えは簡単で、「そういう人なんだな」と受け流すだけでOK。あなたの変化を邪魔する相手が親やパートナー、身近な人だったりすると、一緒に変化してほしいと思うかもしれません。でも**その人だって、あなたの変化を見ているうち、その人のタイミングで自然に変わるかもしれない。変わらないかもしれない。**それはあなたの問題ではなく、相手の問題。その人に対する違和感を持ち続けても、あなたの金運の器の状態が悪くなるだけです。

誰かにイラッとしたら、それも変化が加速するチャンス。その感情も掘り下げ、解除して、ダウンロードワードを入れて、もっと豊かな自分に変化しちゃいましょう!

法則 31

リアルな現金に日常的に触れているだけで金運アップする不思議

おそらく多くの読者のみなさんが興味を持っている「金の福の神とのつながり方」とか「金運アップ風水」みたいな、いわゆる開運法らしい話に、なかなかたどり着けなくてごめんなさい(笑)。

ここでも1章だけ、まじめなテーマにお付き合いください。お金に関する不要な思い込みが解除できたところで触れておきたい「出費」についての話です。ここまでで何度も、金運爆上げには、うまく出すことと受け取ること、両方が必要とお話ししてきました。この章では、出し方についての知恵を、厳選してお伝えします。

まず、金運を上げたいならおすすめは断然「現金払い」です。交通系ICカード、バーコード決済、クレジットカード……と、現金以外の支払い手段が増える一方の昨今ですが、金運を上げたかったら絶対に現金がいいです。

というのも、現金を「観る」のってすごく大事なんです。商品やサービスに対してお金を支払う際、**現金を観ると、金額の価値を、数字ではなく物質としてリアルに捉えることができます**。それが数百円であれ、数万円であれ、**「私、意外とお金を持っている」「これほどのお金と引き換えに、私はいまおいしい食事をした」**と、お金があることを強く感じることができます。もちろんあなたが支払ったお相手のほうも、お金を観ているので、金運が上がります。

また、**お金をリアルに動かすと、そのエネルギーの動きを察知し、より多くのお金があなたのもとに引き寄せられてくる**効果もあります。

特に、あなたが心から欲しいと思ったものを、リアルな店舗で現金で買う体験は、金運上昇に大きく寄与します。お金が、あなたが求めていた商品にリアルに変身する……いわば「リアル物々交換」を目の当たりにするのは、同じ商品をネットショップで買うのと比べ、あなたが受け取る豊かさのエネルギーの質も量も全然違います。

私自身、0が何個もつくような額のブランド品でも、日々食べる野菜やお魚でも、なるべく現金で買います。息子の学校や習い事の授業料の振込は、いったんＡＴＭで現金をおろし、それを両手で挟んで、感謝と愛で包んでから「いってらっしゃい」と払います。

以前は、お店で扱う天然石の仕入れも現金払いでした。バッグにいくつも札束を入れて仕入れ先を訪れていたのですが、仕入れ量が増えるに伴い、仕入れ先の担当さんから「困ります」といわれ（笑）、何年前からか、現金払いはやめました。でも現金払いを許してくださる仕入れ先さんと会えたら、また現金払いになるかも。そのくらい、現金払いって金運上昇に直結するんです！

お買い物以外に、現金に触れる機会を取り入れるのもいいです。たとえば毎月のお給料日。**お給料全額をおろして、自分の1カ月分の働きの価値を現金の状態で観ると、給与明細の数字からは得られない「ある」の実感を受け取れます**。人によっては「この額では少ない」と感じるかもしれません。そう気づけたなら、どうすれば増やせるのか、どのくらい増やしたいのか掘り下げるチャンス！

年に数回、全財産をおろして現在の豊かさを実感するのも、すばらしい経験になります。リアルな現金の質感に触れ、いま手元にあるお金に感謝する習慣を大切にしてください。

法則32

お財布はお金のホテルで、いいホテルの第一条件はじゅうぶんな広さ

現金払いを習慣化するなら、お金を取り出す「お財布」もこだわりたいポイントです。トレンドのお財布は年々小型化していますが、やはり長財布が金運アップしやすいです。お財布は、あちこち循環しているお金たちが一時的にお休みする、いわばお金のホテルです。居心地のいいホテル、リピートしたいホテル、友だちどうし（お金どうし）ですすめたくなるホテルを準備したいですよね。

いいホテルの条件は、第一に広さ。**100万円入っても困らないくらいの広さがいいです**。緑、黄、金、紫などの華やかな色がよく、またお金がゆっくり休める黒もいいです。ただし、好きでもないのに「金運のために」と開運カラーのお財布を選ぶのはNG。あなたが持っていてワクワクするお財布こそが金運財布です。

お金以外でお財布に入れるといいのは小粒のパワーストーン。逆に、領収書やポイントカード、病院の診察券の入れっぱなしは金運が下がります。新調の目安は1～2年に1回ですが、古びたと感じたら、それより早くても買い替えましょう。

法則33

支払いの瞬間の楽しい気分を思いっきりお金に乗せる

せっかく欲しいものを買うのに、現金が手から離れる瞬間に「お金がなくなっちゃう！」と不安になったり、後から「私なんかがこんな高級品を買ってよかったのかな」と罪悪感が押し寄せてきたりする経験ってありませんか。これは、金運の流れをせき止めてしまうアクション。金運を上げるには、支払う瞬間を思いっきり楽しみ、支払い後もハッピーを思いっきり味わう……これに限ります。

支払うときは、お金に「欲しいものが買えてありがとう！　たくさんの友だちを連れて、またきてね！」と伝えます。「お願いだから戻ってきて〜！」と未練や執着を乗せるのはNG。ワクワク楽しい気持ちが伝わるかどうかが大事です。

お買い物の後でネガティブな感情がいつも生じるというかたは、本当に欲しいものを買えていない可能性が高いです。ストレス発散や見栄のためのお買い物なら、第3章を参考に、なぜそのような罪悪感が生まれるのか原因を掘り下げ、手放します。楽しいお買い物で、お金をザクザク循環させせましょう！

法則 34

ワクワクを感じられるプチ贅沢を習慣にしたら逆にお金が増える

心から楽しめないお金の使い方をしていると、お金は減ります。「お金が減らないように」と本当に欲しい商品の代わりに安い商品で妥協するのは、金運も全体運も下がります。逆に、喜びを感じることにお金を使っていると、不思議とお金は減りません。

先日、コーヒーの好きなクライアントさんから、こんな話を聞きました。「おみわさんの話を聞き、惰性で安価なカフェにいくのをやめて、多少高くてもステキなカフェを選んで『プチ贅沢』しています。毎回のコーヒー代は数百円上がりましたが、お金は不思議と減りません」。もう少し詳しく聞いてみたら、いいカフェでいい時間を過ごすようになってから、ストレスからの余計な衝動買いがなくなり、カフェ代以外の出費が激減したとのことでした。

お金には、喜びや満足などのポジティブなエネルギーに集まる性質があります。何より、自分を大切にするとお金がますます循環します。**ちょっと贅沢かなと思っても、本当に欲しいものを買い、本当にやりたいことをやるほうがいい**ですよ！

法則35

回転寿司と高級寿司、「金運アップ寿司」になるかどうかは自分次第

回転寿司と職人さんが握ってくれる高級お寿司。どちらを食べると金運アップすると思いますか？　回転寿司は、お客様に安く早くお寿司を提供するために、合理性最優先です。だから、家族でワイワイとたくさんのお寿司を食べたいときには便利。気づけば毎度、食べ終わったお皿がうず高い山になります。一方、店構えのよい高級なお寿司屋さんではどうでしょう。熟練の職人さんが丁寧に握る上質なお寿司は、数貫でお腹いっぱいになります。

エンターテインメントとしてたくさんのお寿司を食べて満足するか。一貫一貫のお寿司をじっくり味わい、数貫で満足するか。まったく異なる体験ですが、**どちらを選んだとしても、ハッピーにおいしく食べれば価値あるお寿司で、金運アップにつながります。**

どちらに満足するかは人それぞれ。職人さんのお寿司に絶対的な価値があるわけではなく、実際、私はどちらも好きです。

金運アップには何を選ぶかよりも、あなた自身のハッピーの度合いが大切だということです。

法則36

100円ショップでの安物買いの銭失いは金運を詰まらせる

１００円ショップでよくお買い物をしますか？　特売セールが好きですか？　こういう〞お得スポット〟で「お得だー！」という高揚感から大して欲しくないものを買い込んでしまうのは、安物買いの銭失い。金運が詰まってしまいます。

たった１００円。いまだけのセール価格。そう思うとお得な気がして、ついつい買ってしまう……。あなたにも心当たりはありませんか。でもそういう買い物をしていると、本当に欲しいものを見極める感覚が鈍ります。そのうえ家の中が不用品で散らかっていきます。家が散らかるストレスをまたお買い物で発散して、さらに家が片づかなくなって……そんな悪循環に陥っては大変です。

金運を詰まらせたくないなら、本当に欲しいものを明確にし、欲しいものだけを買いましょう。

なお、１００円ショップやセールが絶対にダメということではありません。あなたの本当に欲しいものが激安だったら、「ラッキー！」と購入して、喜びと豊かさを存分に感じましょう。

法則 37

心から欲しいものって実は意外と少ないからがまんしないでゲット！

人生の中で本当に心から欲しいもの、大好きなものって意外と少ないです。しかも豊かになればなるほど、厳選されていきます。

ですから「どうしても欲しい！」「キュンキュンする！」と心から感じられるものがあったら、ちょっとくらい高くても、思い切ってゲットしましょう。実は、**あなたが本当に欲しいものって、宇宙が「いまのあなたには、これを買う力があるよ！　これを買うと、もっとあなたは成長できるよ！」と用意してくれたもの**なんです。

それに対して、「値段が安いからいい」「自分にはこのくらいがちょうどいい」「みんなも持っているから私も買わなきゃ」みたいな欲望は、すべてダミーの欲望です。「これを買って、周りの人から『すごい』『ステキ』と思われたい」みたいな見栄も、よくありがちなダミーの欲望。こうしたもののためにお金をガンガン使っていても、いつまでもあなたの欲求は満たされません。

いつも心から欲しいものをゲットしているほうが、不思議とお金が巡ってきて、減ることがありません。

法則38

欲しいものをがまんすると困ったことでお金が出ていく

心から「欲しい！」「大好き！」というものに出合って、心を奪われてしまったら、それは宇宙が与えてくれたものだから迷わずゲットするべきだとお話ししましたが、そうした心惹かれるものはたいてい、そのときのあなたがふだん買うものより〝ちょっと〟上質、〝ちょっと〟高級です。ここで「節約しなきゃ」「自分には分不相応だから」と買うのをあきらめるとどうなるでしょうか。

宇宙は、あなたはそれを手にするのがふさわしいと判断し、あなたがそれを必ず買うと決めています。その大きな金額を払えれば、宇宙から次はもっと大きな豊かさとチャンスがやってきます。

だから、買うのをがまんしても、ほかの方法であなたはけっきょく同じ額を払うことになるのです（それ以上の額が出ることもあります）。たとえば事故やケガ、病気でお金が出ていくのはよくある話。私の知人は、交通違反で罰金を取られていました。

自分の直感って、イコール豊かさの源である宇宙の采配。「欲しい！」と思ったら最後、もう従うしかないのです。

法則 39

思い切ってお金を使った後でなぜかお金が戻ってくる

心から欲しいものはがまんせずに買う。あなたのその姿勢を、宇宙は望んでいます。

がまんや節約を続け、欲しいものをがまんするクセがついてしまうと、自分では気づかないうちに「なんで私ばかり、いつもがまんしなくてはならないのか」と人を妬んだり、自分を不幸だと思うようになったりして、お金はますます巡ってこなくなります。

創意工夫を凝らし、まるでゲーム感覚で節約を楽しんでいる人もときどきいます。そういうワクワクする節約なら、そのまま続けていても大丈夫です。ですが、苦しい節約、みじめな節約は、かえってお金を失うだけです。

本当に欲しい！　やりたい！　ということにお金を使うと、不思議なことに、その額あるいはそれ以上の額のお金が戻ってくることがあります。そういうときは、**「その行動は正解だったよ！」という宇宙からの合図**です。きっと次は、もっと大きな額のお金を使って、よりすごいこと、よりうれしいことができますよ。

法則 40

幸せなお金をいま循環させれば未来にたっぷり豊かさを受け取れる

老後問題、年金問題のニュースがあふれている昨今。こういった報道に煽られて、「お金を貯めておかないと、困ったことになる」と思い込んでいる人、遠い将来に大きな不安を抱えて過ごしている人が多いように感じます（ちなみに私には、4年以上先のことは真っ白にしか見えません）。

不安な気持ちから、あれもこれもがまんしてお金を貯めていると、お金ではなく、ネガティブなエネルギーをため込むことになってしまいます。その結果、思うようにお金は貯まらず、ほかの方面へお金がどんどん流れていきます。

お金には、ポジティブなエネルギーに集まってくる性質がありますから、不安とがまんで貯金している人よりも、心から欲しいものややりたいことにお金を使っている人のほうに引き寄せられてくるのは当然。未来は、いまの延長線上にしかありません。いま幸せな人、いまお金のいい循環を実現している人は、未来でその幸せと豊かさの循環をたっぷり受け取れます。

法則41

臨時収入は「3：7の法則」で豊かさをさらに膨らませられる

臨時収入が入ったとき、どんな使い方が金運アップに有効でしょうか。漫然と貯め込んでいては、ネガティブな事情でけっきょく出ていきます。でも「全部使うのが正解！」と無計画に使うだけでは何も残りません。

私がやっているのは「3：7の法則」です。たとえば100万円が入ったら、まずは3割にあたる30万円を、お買い物でも食事でも自分のために思いっきり使い、非日常な豊かさや楽しさを「実感」します。残りの7割は、借金があるなら返済、生活費が足りないなら補填、家電が壊れているなら買い替えるなど、必要なことに使います。要は日常に豊かさを「取り戻す」ということ。それでもまだ残っている分は、豊かさを「広げる」ことに使います。勉強に使えば、将来の収入増に直結します。家族や仕事仲間と遊びにいって豊かさをシェアすれば、周囲の人の金運も上がります。

臨時収入は、あなたがそれを使って何かを得て、より豊かなステージに上がっていくために宇宙がくれるチャンスです。

法則 42

まず借金を返さなければ金運の土台がグラグラで金運上昇は不可能

お金の使い方の章も最後のページ。耳の痛い人もいるかもしれませんが、最後に伝えたいのは「借金」の話です。気軽に借りがちなカードローンやリボ払いも、れっきとした借金。**少額でも、なんとなく借りてしまっただけでも、借金は金運の落とし穴です**（※）。

ふだんカードやスマホの決済など「数字だけ」でお金を捉えていると、お金のリアルな感覚が退化します。「生活費がどうしても足りない」「お金はないけど、どうしても買い物がしたい」と後先を考えずに借金する人のほとんどは、お金のリアルな感覚を失っています。お金のリアルな感覚は、金運の土台。グラグラの土台では、お金の正しい判断ができないばかりか、金運も絶対に上がりません。

なんとなく借りたお金ですから、「返すぞ！」と心を決めないと返済は難しく、永遠になんとなく返し続けることになりかねません。**本当に金運を上げたいなら、金運アップするグッズを買ったり、ワクワクするお金の使い方を実践したりする前に、1日も早く完済し、金運の土台を整える**のが先です。

※車や住宅を買うときのローンでは、支払い能力があるか厳密な審査がなされ、契約書を交わし、そうしてようやくお金を借りられます。このような借金は、あなたに見合った借金であるうえ、「毎月返済しなければ」との意志もじゅうぶんなので、金運を下げることにはなりません。

法則43

金運爆上げには人間の領域と神様の領域の2つの力を使いこなせ！

さて、ここまででお伝えしてきた金運アップの法則はすべて、あなたの領域を変える法則でした。あなたがやるかやらないか。あなたが何かいつもと違う選択をすることで、あなたのお金を受け取る器が大きくなり、あなたの思考や行動、能力に革命的な転換が起き、根深い思い込みが昇華され、お金の扱い方が変わって——そうして金運を上げていく話をしてきたわけです。

ここまでの法則を1つでも実践し、自分のものとすれば、あなたの金運が大きく変わり出すのは間違いありません。ただし、それだけではじゅうぶんとはいえません。

さらに金運を高め、しかも**永続的に最強の金運に恵まれるには、神様とつながることが欠かせません**。この章では、「金の福の神」の領域にアプローチして、あなたの金運アップをいっそう加速する法則についてお話ししましょう。

金運爆上げには、人間（あなた）の領域へのアプローチと、神様の領域へのアプローチ、ダブルのアクションが必要です。

私たち人間と神様との関係を、ここで簡単に説明しますね。

●人間の領域――「実力」と呼ばれる部分。
自らの行動、思考、能力、経験が及ぶ領域。

●神様の領域――「運」と呼ばれる部分。
人間の力を超え、無限のパワーを宿す領域。

金の福の神とつながって、その力をいただけば、自分の力が及ぶ範囲だけでがんばるよりも、さらに高い次元で開運できます。「運も実力のうち」という言葉もありますが、まさにそのとおり。

では次のページから、神様の領域への扉を大きく開くとともに、神様のサポートを最高に豊かに受け取る方法をお伝えします。

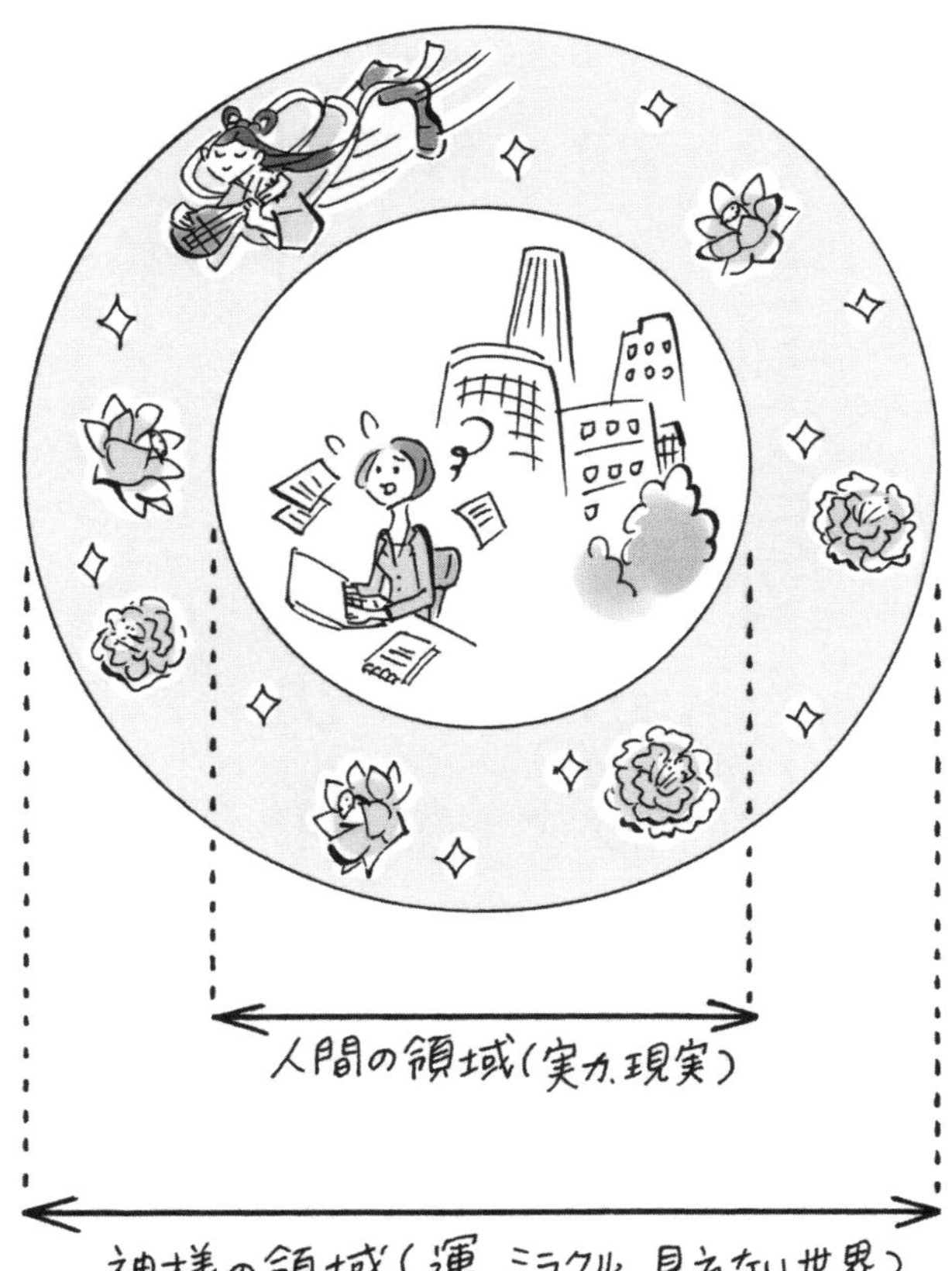
人間の領域（実力、現実）
神様の領域（運、ミラクル、見えない世界）

法則 44

神社参拝後の不調やトラブルは神様とつながる準備ができた合図

「金の福の神」が鎮座する聖域といえば、やっぱり神社。神様と直接つながることができる神社には、月1回は参拝したいものです。

日本においては、「八百万（やおよろず）の神」という言葉もあるとおり、神様はひとりではありません。あちこちに同時多発していますから、家の近くにある神社と、職場の近くの神社と、ちょっと気になる遠方の推しの神社と……のように複数の神社を回るのもＯＫ。**たくさんの神様とつながって、神様パワーを受け取りましょう。**

ところで、神様の領域とつながるときに、私たちの体に邪気や邪念、がまんや無理や不安で蓄積したネガティブエネルギーがパンパンにたまっていると、神様とつながることができません。そのため、神社参拝して、神様につながろうとした途端に、それらを取り除く反応が起こる場合があります。たとえば、神社に参拝した直後に熱が出たり、予期せぬ不調やトラブルに見舞われたりすることがありますが、これは浄化作用の一環。そうして浄化が完了すれば、神様の領域とつながって神様パワーをどんどんゲットできます。

法則45

神様からの歓迎と祝福を受け取れるように参拝中は五感を鋭敏に

神社参拝では、その場の心地よさ、神様の神聖さをしっかり味わうことが大切です。鳥居をくぐって境内に入った瞬間、参道を歩いている間、拝殿でお参りをしているときなどに感じる気持ちいい刺激や感覚は、すべて**神様があなたの参拝を歓迎し、「あなたを愛をもってサポートしています。心のままに挑戦し行動すればすべてうまくいきますよ」と伝えてくださっている合図**です。たとえば

- **清らかな風、柔らかな光**
- **花々の香り**
- **木々の揺れる音**
- **踏みしめる玉砂利の音**
- **鳥のさえずり、小動物の鳴き声**
- **太鼓の音や美しい音楽、ご祈禱の声**

はどれも神様の合図ですよ！　参拝中は、あなたの五感すべてを鋭敏にして、神様からの合図を感じてくださいね。

法則 46

神社では神様のお役に立ちたい意志を宣言してくるといい

神社参拝は、まず鳥居をくぐる前に丁寧に一礼するところから始まります。参道の中央は神様の通り道ですから、中央を避けて進み、手水舎まで来たら手を清めます。

拝殿に到着したら、まずお賽銭。お賽銭は厄払いになるうえ、神様への感謝も示せる開運アクション。とても重要なので、この後詳しくお話しします。お賽銭をして、お財布をバッグにしまったら、二礼、二拍手。その手を合わせたまま、祝詞を上げられる人は奏上し、神様にあなたの言葉を伝えます。**「神様のお役に立ちます。私はこれから○○を実現します」のように、お願い事でなく、目標を宣言するのがポイント**。宣言したら、感謝を込めて一礼します。

その後、お札や授与品、御朱印をお受けします。境内のステキな光景を撮影してもいいですよ！　神様はＳＮＳなどで拡散されることが大好きです！　神様とのひとときをじゅうぶん満喫したら、鳥居をくぐり、神様のほうに向き直ってまた一礼して、参拝終了です。

シンプルな手順ですので、何度かやれば、自然と身につきます。

法則 47

神様と強力につながる！お賽銭は運気爆上げの何よりのカギ

神社参拝での運気爆上げのカギは、なんといってもお賽銭。お賽銭は**「お金が循環して、より大きい額になって、自分の元へ返ってくる」というしくみを知っているからこそできる**行為です。

大きくなって返ってくるなら、金額は大きいほうが◎。おすすめは、そのとき出せる最高額。いままで5円玉、10円玉しか出してこなかった人も、これからは**300円、500円、と徐々に増額し、お給料日など余裕のある日にはお札にも挑戦**してみては。額が大きくなればなるほど、神様と強くつながるうえ、厄もよく落とせます。コツはお賽銭箱に丁寧に入れることと、見返りを求めないことです。

もう10年前、事業がまったく軌道に乗らず、子どもも小さくて大変だった頃、ふと思い立って1万円のお賽銭をしました。手が震えましたが、その後、人生がみるみる変化、拡大していきました。お賽銭後の一連の流れを振り返ると、やってよかったと断言できます。

おかげさまでいまや、お賽銭箱に必ずお札を入れられるまでに。すばらしい循環が次々起こり、人生の上昇を実感しています。

法則 48

どんな神様にお会いしにいくのか参拝前に調べるひと手間もステキ

ここまででお伝えしたことだけでも、神様とはかなりつながれます。もし余力があれば、参拝前に、どんな神社のどんな神様にお会いしにいくのか調べておくのもいいでしょう。神社のホームページを検索すると、いろいろな情報が得られます。

仕事やプライベートで誰かに会うときなどに、事前にお相手のSNSやブログで近況を把握しておくと、会話が弾み、**お相手も「私のことを気にしてくれてうれしいな」となりますよね。**その感覚です。

ただし、絶対に調べてからでないと参拝してはいけないというわけではありません。ふと見つけた神社を参拝したくなった際は、ぜひその直感に従ってください。その場合は、現地の立て看板や、社務所のリーフレットで情報収集できます。

法則 49

新時代の金運爆上げの神、弁財天のパワーで眠っていた才能が開花する

八百万の神様のいる日本で、私が「金の福の神」として信頼しているのは、なんといっても弁財天です。私も、弁財天のおかげでますます人生が大きく広がっています。

弁財天はもともと、サラスバティというインドの川の女神です。**川のように「流れる」ものすべてを司り、循環、豊かさ、金運をもたらす女神**として、古くから多くの人々に慕われてきました。

日本では、七福神のうちの一柱として、琵琶(びわ)を奏でる艶(つや)やかな姿で描かれることが多いですよね。まさにその絵のとおり、弁財天は音楽や芸術を愛し、私たちひとりひとりの美しさ、創造性、魅力、才能を育んでくださいます。

さらに弁財天は、勝利の女神としての一面も持っています。商談、プレゼン、面接、試験などの大勝負に勝ちたいときは、弁財天を祀(まつ)る神社に参拝すれば、勝利のパワーをいただけます。オールマイティーの神様ですね！

以上のような特長を持つ弁財天は、ひとりひとりの個性と可能性が大きな価値を持つこの時代に、まさにピッタリの神様です。

私たちが才能を開花させ、マネタイズして、運気や金運を上げようとするとき、弁財天はバッチリサポートしてくれます。弁財天は、チャンスを活かして行動できる人には、本人でも気づかないような才能の扉を次から次へと開いてくれますから、新たな自分の金脈が見つかるはずです。

歴史の中でも、川の周りにおおぜいの人が集まり、実りと文化と生命が生み出されます。川はまさに、豊かさの象徴でしたよね。

弁財天も、豊かさ、個性、才能、創造性、喜び……あらゆる幸せの源を生み、循環させる神様です。**もし、いまのあなたの中に、本当はやってみたいのに見て見ぬふりをしてきたこと、本当はできるのにあきらめていることがあるなら、弁財天と積極的につながって、どんどん行動を起こしてみてください**。心のままになんでも挑戦してみると、眠っていた才能が開花して、金運が爆上がりします。

逆に、いつもいいわけばかりですぐに行動しない人は、弁財天エネルギーをうまく受け取れず、チャンスを逃します。いまこそ弁財天とつながり、才能をアップし、金運爆上げしてまいりましょう！
ところで弁財天は同じく女神である天照大神（あまてらすおおみかみ）と、陰と陽の関係なのではないかと、私は考えています。これまでの時代では、太陽の如く光を照らす天照大神が、目に見える形で私たちをサポートし、物質的なご利益をくださっていました。

これからの時代は、目に見えないエネルギーや愛に価値が認められるようになって、内面の世界がより表面化していきます。そのような時代に人々のポテンシャルを引き出すには、弁財天エネルギーが何より有効です。

弁財天のサポートによって、私たちひとりひとりの魅力と才能が目覚めると、天照大神による物質的なご利益ももっと受け取りやすくなって、世の中全体の金運も上がっていくのでは……。これが新しい時代の金運上昇の形だと、私は考えています。

法則50

ごく身近な場所から金の福の神はあなたに合図を送っている

現代の「金の福の神」の代表格である弁財天が祀られている神社やお寺は、日本じゅうにたくさんあります。そうした寺社に参拝して、まずは弁財天に、あなたの存在を知ってもらいましょう。日本三大弁天と呼ばれ、知名度抜群なのは江島神社（神奈川県）、嚴島神社（広島県）、竹生島神社（滋賀県）ですね。

私は個人的に、

- **金蛇水神社（宮城県）**
- **不忍池辯天堂（東京都）**
- **小網神社（東京都）**
- **鞍馬寺（京都府）**

がおすすめです。

地元の公園の小さな祠など、ごく身近な場所に弁財天が祀られていることもあります。近所を歩いているとき、弁財天から「ここですよ！」と合図があるかもしれません。

法則 51

弁財天とつながるマントラ、「オンサラスバティエイソワカ」

弁財天の祀られる神社やお寺を訪れたら、理想の将来や望みどおりの豊かさを叶えるために弁財天のどんなサポートを受けたいのか、静かに思い浮かべます。そのとき唱えてみていただきたいのが、「オンサラスバティエイソワカ」というマントラ。心の中で3回唱えてみてください。マントラとは神様とつながる呪文のようなもので、唱えるだけで瞬時に弁財天とつながります。

参拝のときだけでなく、日常的に唱えるのもOK。特に、**困ったことが起きてサポートを必要としているとき、もっと自分の才能や魅力を高めたいときなどに唱えると、あなたが必要としているエネルギーを受け取れます**。弁財天エネルギーを受け取ると、具体的なメッセージがふっと降りてきたり、体に温かさを感じたりすることもあります。

そうしてエネルギーを感じた際は、すぐに行動を起こしましょう。神様とせっかくつながっても、行動しなければ何も変わりません。弁財天の力を活かせるかどうかは、最終的には自分次第です。

法則 52

鮮やかな色の大きいお花は弁財天エネルギーを家の中に呼び込む

弁財天とのつながりを日常的にキープするには、参拝に加えて、自宅に神棚を設けて、家の中に弁財天の居場所をつくりましょう。神棚には、弁財天の神社で頂いてきたお札を祀ります。神棚がない場合はサンクチュアリ（聖域）を設けます。家の中で最も明るい場所、人が集まりやすい場所、あるいは静かで高貴な雰囲気の場所がいいです。

弁財天のエネルギーが直接入ってくるのは頭頂です。弁財天の居場所から降りてくるエネルギーをスムーズにキャッチできるように、神棚や聖域は目線よりも上。ちょっと高いかなと感じるくらいの高さで、東向きか南向きがおすすめです。

弁財天は美しいものを好みます。お花が大好きで、**特に赤やピンク系のシャクヤクなど、大ぶりで鮮やかなお花が弁財天は大好き**です。神棚、あるいは神棚からよく見える場所に、大きくて華やかなお花を欠かさないようにしておくと、いっそうの弁財天エネルギーを期待できます。

法則 53

弁財天と共鳴する美しい私であるためには適切な食事と運動を

弁財天は美しさを好むとお話ししましたが、私たちが美しくあるために大事なのは、健康に過ごすこと。あたりまえのことですが、**金運は、健康な体があってこそ上昇するもの**です。そのために何をすればいいかというと、やっぱり食事と運動。「ダイエットの基本は食事と運動」とはよく聞きますが、実は開運も同じです。

食事は、1日2食でも3食でも構いませんが、食べすぎも食べ足りないのもNG。旬の食材、地の食材を中心に、そのときのあなたが食べたいものを適量選びましょう。そして、良質な水をよく飲むこと。できれば1日**1・5**～2ℓの水を飲むのがおすすめ。砂糖や添加物の混じっていない、ただのお水です。

運動は、文字どおり「運を動かす」アクションです。忙しい毎日ですが、日常的な軽い運動は欠かさずに。**朝日が出る少し前から10時頃までは、浄化力、開運力の高い時間帯**なので、この時間内でのお散歩やストレッチはいかがでしょう。私は起きがけの軽いヨガを日課にしています。健康増進と金運アップ、一石二鳥です。

法則54

古い下着をお気に入りの1枚に取り替えれば運気がガラリと変わる

美しいものが大好きな弁財天からエネルギーをいただくには、自分自身もいつも美しくあること。美しい自分であるために大事なポイントなのに、多くの人が蔑ろにしがちなのが、下着です。

体に直接触れるため、下着には邪気がたまりがち。着用のたびに丁寧に洗って、常に清潔なものを着用してください。

逆に、下着の気があなたに影響を及ぼすこともあります。「着心地はイマイチだけど、安かったから……」「もうヨレヨレだけど、誰も見ていないし……」のような下着では、金運ばかりか運気全体がイマイチなレベルに下がります。心から好きで、状態のいい下着を身につけてください。**あまり締めつけないもののほうが、エネルギーの巡りが滞らないのでおすすめ**です。下着を替えたタイミングで、運気もガラリと変わったというのはよくある話です。

なお下着の色は、基本的には気に入った色がいちばん。そのうえで、エネルギーが特に必要な日のための赤い下着もあるといいですね。赤い下着は私も、大きな仕事の日に必ず身につけます。

法則55

いつも心から好きな服や明るく鮮やかな色の服で過ごす

下着をブラッシュアップしたら、次に、お洋服についてもちょっと気づかってみると、弁財天からの金運アップのエネルギーがいっそう強くなります。お洋服も下着と同様で、まずは**自分が心から好きだと思えるものを日常的に着ること。勝負の日だけではありません。平日も週末も、毎日です。**

好きな服を着こなせると、自分が好きになれます。自分が好きでいられると、自信が持てます。そういう服を身につけると、背筋がぴんと伸び、あなたの個性、魅力がいっそう高まり、弁財天エネルギーが増していきます。

そのうえで、弁財天は鮮やかな色が大好きですから、カラフルなアイテムを1つ以上取り入れるのがおすすめ。黄色やゴールドといったいわゆる金運カラーに限らず、明るく鮮やかならなんでも大丈夫です。ワンピースやトップスなど、広い面積でガツンと色を使うのが最強。モノトーンの服装が好きな人も、まずは小物やアクセサリーなどで、明るいカラーを取り入れてみましょう。

法則 56

アクセサリー、天然石、心の内側……弁財天はキラキラが大好き

弁財天は色鮮やかなものが大好きですが、それに加え「キラキラ」光り輝くものも大好きです。光を反射して美しく輝くアクセサリーは金運を確実に上向かせるので、私にとっても大定番アイテム。ブラブラと揺れる大きなピアスやイヤリングは、特におすすめです。

また、ブレスレットなどの天然石アイテムも、弁財天は大好きです。上質な石は、それ自体が光を放ち、弁財天パワーとあなたをいっそう強力に結びつけます。

笑顔で、首元、胸元、手元、顔回りの肌を見せてアクセサリーや天然石を美しく輝かせるのは、私自身も効果を実感している金運アップ習慣。季節を問わず、毎日実践しています。

神様は、外見だけでなく、人の内面の輝きも見ています。**何かに夢中になっている人、がんばっている人、行動している人からは、目には見えたり見えなかったりしますが、金粉がキラキラと放出され、粉が澄んだ音を発する**そうです。神様はこのキラキラが大好きで、その人の望みが叶うように働きかけてくれます。

法則57

ツヤとうるおいのある髪は弁財天のメッセージを受け取りやすい

「キラキラ」を弁財天にアピールできるポイントは、天然石やアクセサリー、あなたの内面以外にまだあります。髪の毛です。

パサパサ、ボサボサの髪の毛のまま、慌てて外出したりしていませんか？　ツヤとうるおいのあるキラキラヘアは、縁結びにグッドなのはいうまでもありませんが、それだけでなく金運にも大きく寄与します。特に頭頂部あたりのコンディションは超大事。**頭頂部は「クラウンチャクラ」とも呼ばれ、弁財天のエネルギーやメッセージを取り込む大事な箇所**だからです。

髪の毛は、根元から毛先まできちんとケア&スタイリングして、いつも「ちゅるん」な状態を保っておきましょう。

長さやスタイルは、あなたが気に入っているならどんなものでもOK。カラーについても、明るくブリーチしても、弁財天のような黒でも、いずれでも構いません、ただし、明るい色の髪はどうしても乾燥しやすいもの。うるおい対策は念入りに行ってくださいね。

法則 58

キラキラ金運アップメイクで最もこだわりたいポイントは目

弁財天を喜ばせる「キラキラ」は、メイクでも実践できます。ベースメイクは、マットよりもツヤ肌タイプのアイテムを選びます。ハイライトも効果的に使って、お顔の立体感と明るさを演出。おでこまで丁寧に仕上げたら、前髪で隠したりしないで、しっかり出しましょう。おでこには「第3の目」があって、この目がクリアに開いていると、直感が高まるとされています。

金運アップに最もこだわっていただきたいのは、アイメイクです。**目はあなたの個性と魅力を神様にも周囲の人にもアピールできる、重要なポイント**。アイラインで目をくっきりさせ、マスカラで大きさを出したら、目の周囲を光やツヤの出るアイシャドウで仕上げます。明るい色、個性的な色のアイテムで遊ぶのもステキです。

頬はチークでふっくらと。眉はあなたに似合う形に整え、最後に唇をうるおい系リップで仕上げれば、キラキラ開運メイクの完成！

最近ではメイクする男性も増えていて、とてもいいですね。メイクで自分を好きになればなるほど、金運も仕事運も爆上がりです。

法則59

うるツヤご機嫌になれるセルフケアで金運上昇！美容効果も！

もうお気づきかもしれませんが、弁財天を味方にするアクションとは、要は、自分を磨き、ご機嫌にし、自分をもっと好きになるアクションです。そんな習慣を、あと2つだけお伝えします。開運と美容を兼ね、私も欠かさずやっています。

1つめは入浴後のボディケア。**ほんの5分でいいので、ボディクリームで全身を丁寧になでてみてください**。乾燥しやすいすねやかかとは、特に念入りに。10年前、ド貧乏だった頃の私のすねは、いつもカサカサで粉がふいていました。いまとなっては笑い話です。

2つめはこまめなハンドケア。**指先にハンドクリームをこまめに塗るだけで、金運に限らず運気全体がガラリと変わります**。というのも指先は、運気が流れ込むと同時に、邪気が出てゆくポイント。指先がいつもうるおっていると、気が入れ替わりやすいんです。私はハンドクリームを家じゅう全部の部屋に置いています。もちろん仕事用のデスクにも、バッグの中にも。まめなお手入れ習慣で、弁財天も自分自身も、ガンガン喜ばせてあげてください。

法則 60

神様とつながりやすい開運日を知れば金運上昇が加速する

あなたが本当に必要としていれば、いつでもどこでも弁財天とつながることができます。でも実は、よりいっそうつながりやすい「開運日」があるんです。

神社参拝したり、弁財天とつながる習慣を新しく始めたりするなら、開運日に行えば、より大きな効果を実感できます。もしあなたが何か行動を起こした日が、たまたま開運日に重なっていたときは**「やったー、すべてがうまくいっている！　金運爆上げだー！」**と大喜びしてください（笑）。

金運アップに効果的な開運日には、次のページの一覧のとおりいろいろあります。特に強力なのは、古くから吉日とされ、１年に数回しか巡ってこない「天赦日（てんしゃにち）」。それから、弁財天様の使いであるヘビにまつわる「巳（み）の日」。巳の日の中でも、60日に一度しかこない「己巳（つちのとみ）の日」は最強の金運招来日です。カレンダーやスケジュール帳にマークして、弁財天様を思いながら大きな行動を起こせば、金運爆上がり間違いありません！

金運爆上げに有効な7大開運日

一粒万倍日（いちりゅうまんばいび） 1粒のもみは、万倍に実り、りっぱな稲穂になる。転じて、お金が何倍にも増える日。また、この日に起こした小さな行動や挑戦は大きな成果につながる。1年に60回ほど訪れる。

寅の日（とら） 古来、トラは「黄金色の毛を持ち、千里を往って千里を還る」といわれており、転じて、寅の日に出ていったお金はすぐに返ってくる。12日ごとに訪れる。

巳の日 金運アップや能力開花を司る弁財天のお使いであるヘビが、弁財天にお願い事を伝える日。12日ごとに訪れるので、弁財天に思いを馳せてみて。弁財天神社の参拝もグッド！

己巳の日 弁財天に願いが届く巳の日に、金を司る「己の日」が重なった最強の金運招来日。60日に1回、つまり1年でわずか6回しか巡ってこない。大きな金運アップ行動を起こしてみて！

お一日（ついたち）（毎月1日または新月の日） 前日までの1カ月を無事に過ごせたことに感謝し、新しい月のますますの開運を祈るとよい開運日。神社参拝もおすすめ。新しいことを始めるためにお金を使うと吉。

天赦日 天があらゆることを赦（ゆる）すといわれる、日本の暦のうえで最高の吉日。この日に始めたことはすべてスムーズに進み、成功する。大きな買い物にもうってつけの日。

二十四節気（にじゅうしせっき）の節入り日 24ある季節の変わり目。季節が動く日には大きなエネルギーが生まれるため、お金や運を引き寄せる大チャンス。特に大切にしたいのは、立春、春分、夏至、秋分、冬至。

法則 61

この本を手にしたあなたは すでに弁財天と つながっている

いまさらですが、私は弁財天が大好きで、よくつながらせていただいています。仕事で地方にいったとき、偶然参拝した神社が弁財天を祀る神社だったということは数え切れず、弁財天に呼ばれているのを確信しています。

弁財天の神社に参拝すると、うれしい出会いがあるものです。たとえば私は、ＳＮＳのフォロワーさんたちと、かなり高い確率で遭遇します。声を直接かけてもらって「宝くじで３００万円当てました！」のようなご報告をいただいたり、後日ＳＮＳで「おみわさんを○○神社で見ました！　うれしいです！」とコメントをもらったり。そういえば、某格闘技チャンピオンとのご縁を得て、彼の公式スポンサーとなったのも、弁財天の神社でのことでした。

弁財天のもとでは高頻度で、不思議なご縁、うれしいご縁が結ばれます。この本をふと手にして弁財天のことを読んでいるあなたも、きっともう弁財天とつながっていますし、この本をきっかけに何かステキなご縁を得る可能性大です！

法則

内なる神に気づけば豊かさのエネルギーをもっと受け取れる！

神様はいろいろな場所に同時多発しているとお話ししましたが、実は、あなたの中にも神様はいます。「分け御霊（みたま）」という言葉を聞いたことがあるでしょうか。**私たち人間は、神様の魂を分けられた、神の子どものような存在**です。つまり私たちの内側には神様の魂が宿っていて、本来は、神様とつながりたいときにいつでもつながれるし、メッセージもいつでも簡単に受け取れるんです。

しかしながら、自分の内なる神性に気づかなければ、無意識のうちに「神様と自分はまったく別の存在」と捉えてしまうので、神様とのつながりが弱くなってしまいます。

神社に参拝したり神棚に手を合わせたりすると、神様の存在を感じることがありますが、これは自分の神性が引き出された感覚です。神様の感覚を思い出せさえすれば、誰でもスムーズに神様とつながり、豊かさが流れ込みます。そのことを忘れないために、私たちは神社に参拝し、マントラを唱え、お花を飾るんです。自分の神性を思い出し、さらにパワーアップしましょう！

弁財天とご縁が深い！ 龍神の話

ここまで弁財天のことをお伝えしてきましたが、ここで少しだけ、龍神のこともお話しさせてください。というのも「金運の本なら、弁財天だけでなく俺のことも書いてくれ～」と、龍神から強いメッセージがあったんです……！

龍神は、弁財天と深いご縁があります。龍神の背中に弁財天が乗られている絵を、きっと見たことがありますよね。

龍神は、金運や人気運を爆上げしてくれる神様です。私もよく龍神の夢を見たり、お空で、自宅の天井付近で、その雄大なお姿を見せてもらったりしています。

弁財天と龍神をともに味方にすると、相乗効果によって、金運爆上げの流れはますます強力になります。ただし、龍神のパワフルさはかなりのレベルです。**あなたががんばって行動を起こしているときは、急激な金運爆上げを現実化してくれますが、逆に、あなたが**

ちょっとでも怠けると、龍神はあっさり離れていってしまって、急激な運気ダウンとなることも……。

龍神とつながると、以下のような特徴が強化されます。

カリスマ性がある、目力がある、雨女・雨男、あるいは晴れ男・晴れ女、プールやお風呂が好き、遊び心が強くなるなどなど。

自分に当てはまる項目が複数あれば、龍神がついているのかもしれません。いっそう気を引き締めて、いまの調子でお金を循環させるための行動を続けましょう。

そして、龍神への感謝を心に留めておいてくださいね。

法則63

家は「金運の器」であり住む人の金運にもろに影響する

風水とは「気の流れをものの位置で制御する」という中国発の思想で、主に都市、建物、墓の位置の吉凶を決定する目的で、古くから用いられてきました。今日の日本で風水というと、家の気の流れを整え、そこに住む人の運気をよくするために用いられる知恵、といったところでしょうか。この章では、金運が上昇する家と部屋の気の整え方、すなわちお掃除や片づけのコツをお伝えします。

さて、家には2つの役割があります。まず「金運の器」の持ち主であるあなた自身を癒やし、休める場。それから、家自体も「金運の器」で、お金や豊かさの受け皿です。

家の状態は、そこに住むあなたにもろに影響します。**家が散らかり、気が乱れていると、あなたもネガティブになったり、忙しくなりすぎたり、自分にとって大切なことが見えなくなったりして、金運が確実に下がります**。逆に、家の気の状態がよくなれば、あなたのステージも引き上がり金運が上がります。家を整えるって、自分を大切にし、金運の器を大切にすることにまさに直結するんです。

法則 64

家にあるものを減らすだけで欲しいもの、必要なものが明確になる

「家がすぐ散らかる」「心地いい状態を保つのが苦手」という人はたいてい、家にものが多いです。ものが多いと、片づけるのが億劫になり、ものがあちこちに散らかっている状態に。そうなれば、お掃除も億劫になります。お掃除や片づけが苦手な自覚があるかたは、まずは「必要か不要か」「お気に入りか否か」を基準に、家にあるものを仕分け、ものの総量を減らしましょう。**家にあるのは、必要なものとお気に入りのものだけ**という状態にしてください。

必要でもお気に入りでもないものは、捨てるか、欲しい人に譲ります。ものを減らす作業は、家具収納アドバイザーなどプロのサポートを借りるのも手。私も過去に、プロに手伝ってもらって、家じゅうのものを一気に減らしました。家がスッキリしたうえ、実際、お金もますます巡りだし、事業が大きく成長しました。

家にものが多いと、思考が散漫になり、自分が何を望んでいるか、何を必要としているかが見えなくなります。ものは減らして家じゅうスッキリさせて、豊かさを存分に受け取りましょう！

法則 65

床の邪気邪念は掃除機で吸引！水拭きもできれば家が聖域化する

掃除機を使って、床にたまったゴミやホコリや髪の毛を吸い取るのは、お掃除の基本。実は掃除機は、金運を阻むエネルギー、すなわち「邪気邪念」も吸い込んでくれます。私たちは日々、いろんな場所にいき、いろんな人に会い、そうして邪気邪念を持ち帰ってきてしまいます。持ち帰った邪気邪念は、あなたの服から落ちたホコリ、あるいは髪や垢などとともに床に積もっていきます。

掃除機をかければ問題ありませんが、片づけが苦手で**床にものが散乱していると、掃除機がきちんとかけられず、ゴミやホコリが蓄積し、やがて「邪気だまり」になります**。これでは金の福の神である弁財天も、居心地が悪くて逃げてしまいます。

床にはなるべくものを置かず、掃除機がかけやすい状態にしておいてください。また部屋の四隅はホコリがたまりがちなので、掃除機をかける際は四隅まで気を配りましょう。

さらにぞうきんで水拭きをすれば、邪気対策は完璧。家がたちまち聖域化します！

法則 66

人も神様もエネルギーも出入りする玄関は最重要の金運上昇スポット

ここからは家の中のスポットごとに話を進めましょう。まずは玄関。玄関は、住む人が出入りするだけでなく、金の福の神を含めた多くの神様も、目に見えないエネルギーも通ります。まさに家じゅうで最重要の金運上昇スポット。神様を喜ばせ、金運爆上げするいいエネルギーを招き、逆に邪気邪念は呼び込まぬよう、玄関はいちばんにきれいにしましょう。朝のうちに掃除機をかけ、たたきに砂やホコリがないように。仕上げの水拭きもできるだけ行います。

スムーズに掃除機をかけるには、あまりたくさんの靴を出しっぱなしにはできません。たたきには、住んでいる人数以上の靴は置かないこと。また、下駄箱が靴でパンパンにならないよう、足に合わない靴や使い古しのボロボロの靴が入っていないか定期的にチェックしてください。靴にはどうしても邪気がたまりやすいですが、**ときどき靴底を拭いておくと、邪気払いになります**。

玄関の気がいつもいい状態であるためには、におい対策も大事。私は下駄箱に炭を置いたり、アロマを焚いたりしています。

法則67

玄関の3大金運爆上げアイテムは天然石、丸い鏡、リース

毎朝の玄関掃除の習慣がついたら、次は、玄関グッズにこだわってみましょう。

おすすめは水晶やシトリン（黄色やオレンジ色の水晶）など天然石のクラスター。クラスターとは、形状加工していない、結晶化したままの形の天然石の塊です。「ポイント」と呼ばれる石の先端の角ばりが邪気を撃退して、開運エネルギーを呼び寄せます。

丸いアイテムは気を循環させ、「永遠」を意味する縁起ものです。玄関を入って左側に丸い鏡を飾ると金運が永続的に上がります。**鏡はこまめに磨いて、いつも曇りのないピカピカの状態にしておきましょう**。ドアに季節のリースを飾れば、金の福の神が輪をくぐって訪れてくださいます。

なお、廊下やリビングを抜けて玄関の真正面に窓がある間取りでは、玄関から入ってきた神様が、そのまま抜け出ていってしまいやすいです。玄関と窓の間に観葉植物やお花を置いておくと、神様がとどまってくれます。

法則 68

2カ所以上の窓を開けると家じゅうの気が巡って豊かさも循環する

玄関同様に、窓からも、神様やエネルギーが出入りします。毎朝、家じゅうの窓もカーテンも大きく開け、風や日光とともに、いいエネルギーを取り込みましょう。2カ所以上の窓を同時に開けると、家じゅうの気が循環し、お金や豊かさの循環を促します。

ただし、黒っぽく曇っていたり、手垢や雨粒の跡がついていたりするような汚れた窓からは、いい神様は訪れません。「窓の拭き掃除はもう何年もしていなくて……」とおっしゃるかたもいますが、せめて春と秋で年2回くらいは、家の外側からも内側からもサッと拭いておきたいものです。窓の汚れは、基本的には洗剤不要です。軽く絞ったぞうきんで水拭きして、その後、マイクロファイバーの布などで乾拭きすればじゅうぶん。曇りの日、湿気のある日のほうが汚れが落ちやすいです。

窓辺に何か飾りたいなら、天然石のサンキャッチャーがおすすめです。日光、月光をキラキラと虹色に拡散してくれますし、**美しいものが大好きな金の福の神も、喜んで寄ってきます。**

法則
69

トイレは
金運と健康運の要で
特に便座の裏は
〝隠れパワスポ〟

トイレは、不浄なものを流す場所。不浄を流せば、その分、お金や豊かさや喜びが入ってきます。「烏枢沙摩明王（うすさまみょうおう）」と呼ばれるトイレの神様の存在も、近年よく知られるようになりました。烏枢沙摩明王は金運、健康運、子宝運をはじめあらゆる運を授けてくれて、しかも不浄を払う力も強い、万能の神様です。

便器も床も、毎朝1回きれいに拭いておきましょう。毎日拭いていれば、ひどい汚れになることはありません。特に念入りに拭いておきたいのは、便座の裏。便座の裏は、家の〝隠れパワースポット〟です。

床には暖色系のトイレマットを敷くと、トイレ全体が温かな雰囲気になり、金運、健康運の底上げになります。ただしトイレマットが汚れていては逆効果です。頻繁に洗濯し、いつも清潔に。天然石を置くならローズクオーツの天然石がおすすめです。逆に、**金運を下げるのは紙製のアイテム。紙には不浄や邪気を吸い込む性質があるからです。**カレンダーや写真は外しましょう。

法則 70

お風呂の排水口を朝サッとお掃除してピカピカ開運体質に

お風呂は、私たちの体や心についた邪気邪念を洗い流す場所。もし**お風呂掃除がゆき届いてなければ、せっかく流した邪気がお風呂場の汚れとともにとどまってしまいます。**入浴後に湯船のお湯を抜いたら、湯船、壁面、鏡に残った水滴をタオルでサッと拭き取ってしっかり換気しましょう。大量の水気が残ってジメッとしているお風呂場には、カビやぬめりが発生します。そこに邪気がたまると、金運が妨げられます。シャンプーボトルの置きすぎはカビやぬめりの原因になるので、最小限の本数がベターです。

お風呂場で最も邪気がたまりやすいのは排水口です。毎朝スポンジでサッとこすっておきたいですね。トイレ掃除と同様、毎朝の習慣にしておけばヌルヌルになったり真っ黒になったりはしないので、意外と手間も時間もかかりません。どうしても忙しい朝は、前の晩からたまっていた髪の毛を捨てて、ティッシュで軽く拭いておくだけでもじゅうぶんです。

ピカピカのお風呂で邪気を落として、ピカピカの開運体質に！

法則 71

金運の状態を映す洗面所の鏡を拭けば金運もビューティー運も高まる

トイレやお風呂場と同様で、洗面所も手や顔についた邪気邪念を洗い流す〝浄化スポット〟です。お掃除を忘れていると不浄がたまって、お金も豊かさも妨げられます。

掃除のポイントは3カ所です。1つめは洗面ボウル。排水口にゴミとともに邪気がたまらないように、洗面所を使うたびにこまめにチェックしてみてください。またお風呂場と同じで、水滴や水垢、ぬめりは運気を下げてしまうので、いつもティッシュやタオルでサササッと拭いておきましょう。

2つめは蛇口の先端部分。気づかないうちに汚れがちなので、古くなった歯ブラシなどでときどきこすっておいてください。蛇口かきれいな水が流れ出る家では、お金も豊かさもよく流れます。

3つめは鏡。鏡は真実を映すといわれますが、特に洗面所の鏡は人の心を映し、金運の状態をハッキリと映し出します。**自分や家族の顔がいつもきれいに映るようにピカピカにしておくと、家じゅうみんなの金運アップが加速しますよ！**

法則 72

台所じゅうの水滴を大きめの布巾で拭き取り金運ザクザク

台所には「荒神様（こうじん）」という神様がいます。金運はもちろん、健康運や家庭運をサポートしてくれるので、台所はいつも心地いい空間にしておきましょう。

食後、流しに汚れたお鍋や食器をそのままにしていると、気分もブルーになりがちです。ネガティブな気分で過ごせば、金運が下がるのはいわずもがなです。また、流しに生ゴミを置きっぱなしにしているのも、金運と健康運を爆下げします。こまめに包んでゴミ箱へ。スポンジは、使用後はよくしぼって乾かし、汚れたらすぐ取り換えてください。

コンロ回りは調味料を置いたままにしないほうが、お掃除しやすく、金運上昇に有効。特に、塩の出しっぱなしは避けます。

最後に、これが金運ザクザクの最重要テクニックなのですが、夕食後のあと片づけでは、大きめの布巾かタオルで台所じゅうの水滴を拭き取ります。このひと手間で台所エネルギーが整い、荒神様も大満足の最高の台所になりますよ。

法則73

お気に入りの食器で豊かな毎日を！欠けた食器は金運ダウン

食器棚には、あまりパンパンにものを詰め込まないこと。少しスペースに余裕があるくらいのほうが、お金が流れやすくなります。時間のあるときに一度、すべての食器を棚から取り出して、不要なものが入っていないか仕分けしてみるといいでしょう。

少しでも欠けたり、ヒビが入ったりしている食器は、金運が爆下がりする要注意アイテムなので即処分。1年以上使っていない食器、お気に入りとはいえない食器、家族や来客の人数に対して数が多すぎる食器も、捨てるか、欲しい人がいれば譲ります。

お気に入りの食器、丁寧に作られた食器で食べると、健康運が上がります。**陶器、丸型、白や金色の食器は、運気アップ効果が特に強力**です。お金を稼ぐのも楽しく使うのも、健康な体があってこそ。健康運は金運の土台です。

なお、食器棚に食品をストックしている人もいるようですが、あまりおすすめできません。そのものにとって「あるべき場所」ではないところに置いたものには、邪気がたまりやすいからです。

法則 74

冷蔵庫に貼りがちな紙類は枚数を減らして金運ダウン回避

食器棚とともに冷蔵庫も、台所の風水を語るうえで欠かせない開運アイテムです。冷蔵庫には、家族みんなが口に入れるものが蓄えられています。**冷蔵庫が整っているだけで、家族全員の健康状態が上向き、気持ちが上がり、金運アップに大きく影響します**。内側も外側もいつも清潔に。汚れに気づいたら、気づいたときにすぐ拭き取ってしまいましょう！　食べ物は詰め込みすぎず、賞味期限切れのもの、開封から日にちがたったもの、しなびた野菜は、潔く処分するクセをつけること。そもそも、**適量以上に買わなければ、処分することにはなりません**。特売店などで過度の買いだめをするのは、運気的には私はおすすめしません。

また、冷蔵庫のドアにメモやカレンダー、レシート、お子さんの学校のプリント……とあれこれ貼ってしまうと金運ダウン！　紙類は冷蔵庫と相性が悪く、見た目も雑然としてしまいます。どうしても必要な場合は、ドアでなく側面に。必要最低限の枚数だけにしましょう。

豊かさを後押しする 金運フード

台所についてお話ししたところなので、食べ物についても少し触れておきましょう。

日常で食べるごく一般的な食べ物の中にも、金運爆上げに効果的な「金運フード」はいくつもあります。

たとえば左の食材などは、私も積極的に取り入れています。

- **タケノコ**：上に向かって生えるので。
- **タイ**：めで「たい」といわれ、縁起ものとしておなじみ。
- **ブリ、カンパチ**：成長とともに呼び名が変わる「出世魚」の代表。
- **いなり寿司**：豊かさのシンボル、米俵の形をしている。
- **バナナやカレー**：黄色い食べ物は、金運アップを導く。
- **カステラや栗きんとん**：金色の食べ物は、金運アップを導く。
- **おもち**：仕事や勉強、勝負ごとで「ねばり」強さを発揮できる。

地元で採れたり作られたりしたものを選ぶのも、その土地のエネルギーを受け取れるのでおすすめです。先ほど挙げた例に限らず、地のもの、旬のものはすべて金運フードと考えてＯＫです。

白砂糖が大量に含まれるスイーツ類は、体が緩みすぎて金運も流れてしまうので、食べすぎ注意です。

食事で最も大切なのは、家族や大切な人と、ワイワイおいしく食べること。私のクライアントさんでは、家の食卓での楽しい会話を心がけたら、貯金運がアップして１００万円貯金に成功したというかたもいます。あなたの食卓の幸せとますますの運気上昇を願います。

法則75

リビングに朝日と風を取り込めば家族全員の金運アップ

家族が集まり、長い時間を過ごすリビング。毎朝カーテンも窓もしっかり開け、気持ちいい日光を取り込むとともに風を循環させると、お金も豊かさもよく巡り、家族全員の金運が上がります。ラグやカーペットを敷いているなら、掃除機がけや天日干しがおすすめです。ただし**敷物はどうしても邪気がからまってたまりがち**なので、よほど寒い時期以外は、敷物は置かないほうがいいかもしれません。

テレビ裏のホコリも要注意です。こまめにモップで払うと運気アップにつながります。ところで、最近は大型テレビのあるご家庭が多いですよね。テレビのサイズに違和感はないでしょうか。部屋の広さに対して、あまりに大きすぎるテレビは、風水的にはＮＧです。というのも、電化製品は自然な気の流れを乱すので、極力、数も存在感も抑えるほうがいいんです。といってもすぐ買い替えるのは難しいですし、せめて使わないときは電源を落とし、通電時間を制限しましょう。

法則 76

金運爆上げリビングアイテムは大ぶりのお花と清潔なカーテン

リビングをさらに金運が上がる空間にするため、置いてみていただきたい金運爆上げアイテムを紹介します。1つめは、大ぶりの切り花。大きなお花は、金の福の神である弁財天のお気に入りでしたよね。**お花を1輪でも飾れば、家族全員の魅力が高まり、能力が開花し、その魅力や能力によってお金と豊かさがもたらされます。**

モンステラやゴムの木など、葉の大きい観葉植物も有効。金運の器を大きくする効果があります。また観葉植物は、実は天然石とも好相性で、お互いの開運パワーを高め合います。

逆に、気をつけるほうがいいアイテムもあります。カーテンやラグ、クッションなど、邪気邪念を吸いやすい布製品です。気が向いたら、ときどきお洗濯してくださいね。**カーテンは、吊るしたまま掃除機をかけるだけでも、ホコリや邪気を排除できます。**

ゴミ箱は邪気邪念がたまりやすいので、ふたつきのものがおすすめ。あまり目立たないよう、部屋の端に置きましょう。また、必要以上の数は置かないでくださいね。

法則 77

仕事が終わったら パソコンの電源は切り、紙類はファイルにしまう

近年、在宅ワークが急増しています。金運、仕事運が上がる仕事机の整え方にも触れておきましょう。

簡単で効果的なのは、机の水拭きです。しぼった布巾やウェットティッシュでササッと拭くだけで、邪気邪念が除かれ、仕事の効率が上がります。

パソコンを使う人は、仕事が終わったらキーボードのホコリを取り除き、パソコンの電源を切りましょう。すべての電化製品は自然な気の流れを乱すので、通電しっぱなしは風水的にNGです。また、**オン・オフをしっかり区切ると、次に仕事に取り掛かるまでに、機器もあなた自身も、消耗したエネルギーや運を効率的に回復できます。**書類を多く扱うかたは、紙は邪気を吸いやすいので、クリアファイルにしまって、邪気にあたらないように保管しましょう。

さらなる運気アップには、仕事机に天然石を。濃い緑色のマラカイト、黒水晶、スモーキークオーツ、ルチルクオーツ、シトリン、タイガーアイは、悪い気や縁を遠ざけ、精神力ややる気を高めます。

法則 78

寝室は梁と鏡の位置に気をつけてエネルギーチャージスポットに

寝室も、その家に住まう人の金運アップに直結する大事なスポットです。というのも睡眠中は神様や宇宙とつながりやすいので、心地よく整った環境で眠りにつけば、エネルギーチャージできるとともに重要なメッセージを豊かに受け取れるんです。

寝室の床は、できるだけ掃除機をかけて、ホコリと邪気邪念を吸引しましょう。ホコリがたまりやすいベッド下や部屋の四隅は特に丁寧に。晴れた日には窓を大きく開けて、外の空気と太陽の光をしっかり取り込むことも大切です。

ふとんを外に干したり、ふとん乾燥機にかけたりなどの湿気対策も、邪気払いに有効です。シーツやカバー類は、週1回を目安にお洗濯します。

それから大事なのが、寝るときの体の向き。**梁の真下は気が乱れやすいので、天井に梁が見えている家では、梁の下に頭が来ないようにに。**また、寝室に姿見や鏡台がある場合はいつもきれいに拭いて、鏡に寝姿が映らないように置く位置にも注意しましょう。

法則79

神様とつながる部屋になる！淡い癒やしカラーの寝室アイテム

寝室をお掃除したら、あとは開運アイテムの知恵で、いっそう金運上昇する寝室に仕上げましょう。

ベッドカバーやシーツ類は、肌触りのいいもの、季節に合ったもの、淡いブルー、グリーン、ピンクなど落ち着いた色合いのものにすると、眠りの質が高まり、神様や宇宙とつながりやすくなります。お気に入りのアロマやルームフレグランスもおすすめです。

ベッドサイドに天然石を置くなら、淡い癒やしカラーの石が◎。リラックスや安眠を促すセレスタイト、睡眠中に良縁運やビューティー運を高めてくれるローズクオーツは寝室にピッタリです。

寝室は見えない力とつながる神聖なスポットなので、基本的には余計なものは置かないほうが適切です。特にぬいぐるみは避けたほうがいいアイテム。ホコリっぽくなりやすいですし、それに目がついているものは念がこもりやすいんです。お気に入りの1～2個に厳選し、ベッドから少し離した位置に置きましょう。そしてこまめに天日干しやお洗濯をして、大切に扱ってあげてください。

法則80

ベランダや庭での家庭菜園は金運超爆上がりアクション！

最近、ベランダや庭で家庭菜園をされている人が多いようです。家庭菜園はズバリ、運気超爆上げアクション！　育てている植物に水や肥料をやったり、雑草の手入れをしたり、そうして命を育てる時間は、あなたの運を強力に上昇させます。

また、**採れたての野菜や果物は良質のエネルギーをたっぷり含んでいます**。その土地のエネルギーも取り入れられるので、食べれば心身健康になって、運気全般が超アップ。もちろん金運だって超爆上がりです。食べられる植物だけが運気を上げるのではありません。**育てた花を部屋に飾るのも、同じく爆上がりアクション**です。

逆に、絶対に避けていただきたいのは、ゴミや不用品の放置。子どもが乗らなくなった三輪車、何年も使っていないゴルフ用品やスキー板を「いつか使うかもしれない」「誰かがもらってくれるかもしれない」と置きっぱなしにしていませんか？　3年以上使わないままになっているものは、邪気だまりのもとになりますので、思い切って処分しましょう。

Chapter 7

宇宙ギフトの上手な受け取り方

法則 81

私たちは宇宙から無限の豊かさを受け取り続けている

宇宙の始まりは「無」でした――おそらく多くの人は、理科の授業や科学系のテレビ番組などで、そう習っていますよね。

ただ、厳密にいうとまったくの無だったわけではなく、実はその無の中には「大いなる意識」がありました。

大いなる意識のはからいで、あるときそこに、小さなゆらぎが生じました。そのゆらぎをきっかけに、粒子が発生し、集まり、ビッグバンが起こり、宇宙が誕生。そして次々と星が生まれ、太陽が生まれ、私たちの母なる地球が生まれ、人類も生まれました。

だから私たちは、大いなる意識に生み出された宇宙の子。そして、いまこの宇宙に存在しているあらゆるものは、大いなる宇宙によって生み出された家族です。

大いなる宇宙からはいつも、家族みんなに「豊かさ」が降り注いでいます。この宇宙からの恵みは、「ギフト」「エネルギー」「タキオン」などと呼ばれることもあります。**宇宙からのギフトは無限で、けっして尽きることがありません。**

法則 82

私たちの意識を現実化しようとする大いなる宇宙の力は絶大

宇宙について語るとき、先ほど触れた「無限性」とともに、もう1つ、語らずにはいられない宇宙の特長があります。それは、宇宙は「意識の集合体」だということ。

宇宙がまだ無だった頃から、そこには「大いなる意識」があったのですよね。大いなる意識から、コップからひと粒の水滴がはねたかのように、ひと粒ピチャンと飛び出たのが、ひとりひとりの個の意識です。その個の意識の集まりが、宇宙なんです。

宇宙が、私たちに無限のギフトをもたらしてくれるのは、そのひと粒ひと粒、すべての意識を現実化するためです。

その見えないエネルギーの威力は、もう驚くほどです。**あなたがちょっとでも意識していることであれば、たとえあなたがそれを本当は望んでいなかったとしても、宇宙は、意識を現実化するために無限のギフトをもたらし続けます。**

たとえばあなたが「自分はどうしてこんなに貧乏なんだろう」「今月もお給料が少ない」などと思っていたり、潜在意識の中で

「お金は怖い」と捉えていたりするとします。そうしたあなたにとって都合の悪いことであっても、あなたがそう意識しているだけで、宇宙はギフトとして、貧乏な現実、お金が怖い現実を贈ってきてしまいます。というのも、宇宙には「善悪」がありません。善悪って、私たち人間が勝手に考えている価値感でしかなく、宇宙にはそういう判断基準はないからです。

あなたの望みどおりのギフトを宇宙からどんどん受け取るためには、不要な意識、望まない意識は解除しておかなければいけません。第3章で紹介したノートワークを何度も行って解除してください。巻末には予備のシートもあります。

左の図のように、大いなる宇宙の領域は、神様の領域のさらに外側にあって、影響力は超、超、超強いです。

ですが、私たちの意識もその一部。だから、**どんな意識で過ごすか次第で、あなたの金運の器に向かって届く宇宙ギフトの中身は、いかようにも変わります。**

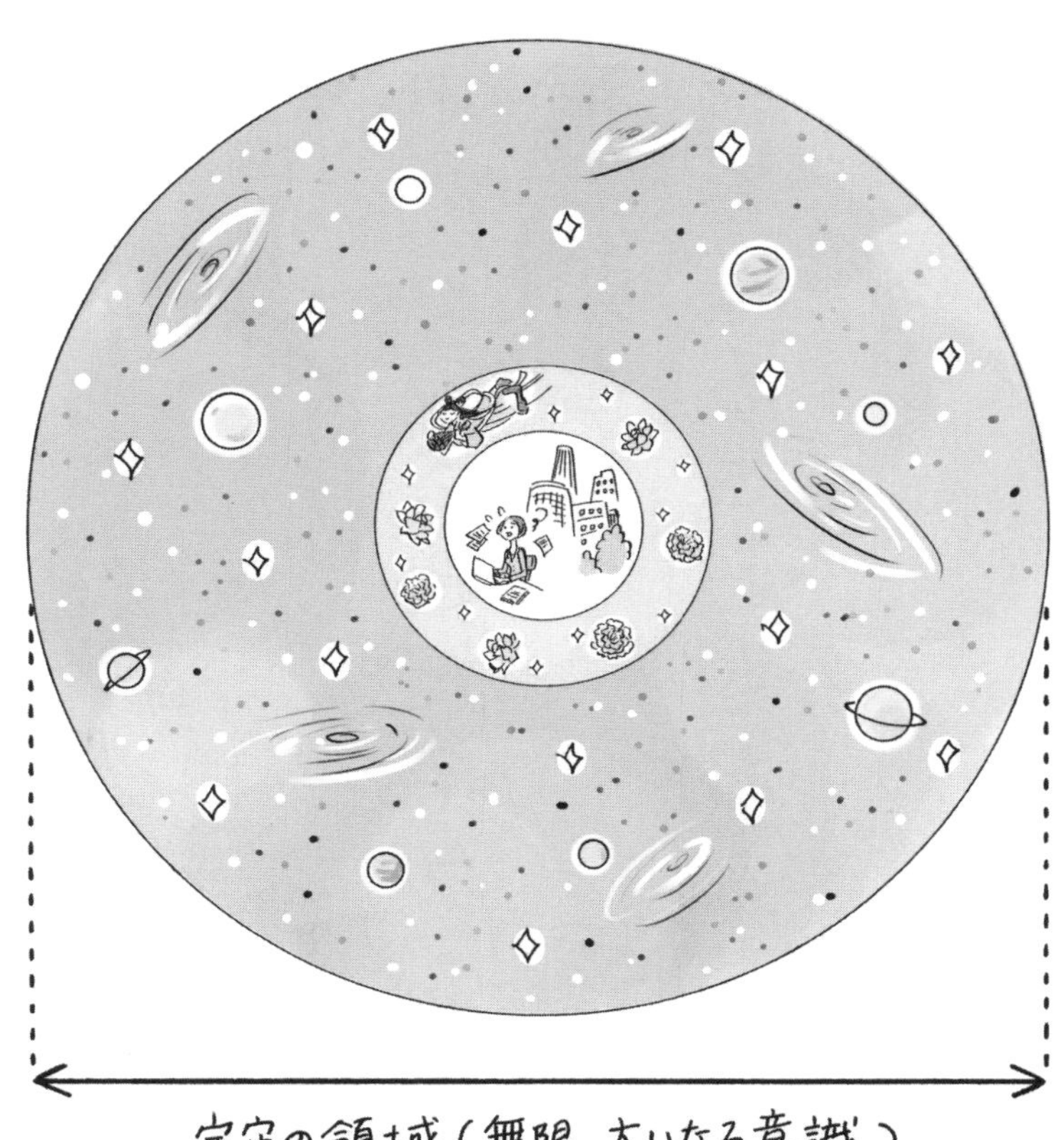

宇宙の領域（無限、大いなる意識）

法則83

宇宙からの幸せなギフトは不幸の顔をしてやってくることもある

大いなる宇宙からはいつでも、私たちにとって最適なギフトが降り注いでいます。「すべて受け取る」とこちらが覚悟さえすれば、誰でもそれを享受できます。

第2章で、「私の理想を知る」というノートワークをしましたが、望む未来といまの現状を比べてあまりにギャップが大きい人はきっと、受け取る覚悟をしていない……というか、「いいことだけ欲しい。嫌なことは欲しくない」と知らず知らずのうちに考えています。でも理想の未来を叶えるには、宇宙ギフトが、たとえ第一印象では嫌なことに見えても、逃げたり避けたり、受け取り拒否をしてはもったいない！

たとえば人間関係のトラブル勃発とか、面倒な仕事を押しつけられたとか、そういったとき、「逃げちゃえ！」「断ってしまえ！」などとなっていませんか。大丈夫。**「宇宙からの課題なんだから、受け取るぞ」と腹を決めれば、意外とそこまで大変なことは起きないし、むしろそれが、さらに豊かな未来につながる経験となります。**

法則84

あなたの「徳」を貯めてくれる宇宙銀行はとても便利で高性能

この本を手に取った、金運に興味があるかたなら、「宇宙銀行から預金をおろす」といったワードを聞いたことがあるでしょう。でも、そもそも宇宙銀行ってなんでしょう？

宇宙銀行とは、あなたが積んだ「徳」を貯めておいてくれる銀行です。あなたが預けた徳は、ギフトとなって、それも「ハッピー」「ご褒美」の形で、3倍になって勝手に引き出されてきます。

ただし宇宙銀行に貯まるのは、徳だけではありません。逆に、日頃の素行が悪いと「悪徳」も貯まっていきます。貯まった悪徳が、アンハッピーなギフトとして3倍になって返ってきては大変です。

地球上の一般的な銀行とは違って、宇宙銀行はとても便利で高性能です。自分で預金をおろしにいく必要はなく、大いなる宇宙の采配によって、ひとりひとりに最高最善のタイミングで自動的に引き出されてきます。

金運が高い人、豊かな人というのはみんな、損得勘定などせず、日頃から見えないところで徳を積んでいる人です。

法則 85

心からやりたいことを やっていれば 宇宙は豊かな未来を 約束してくれる

宇宙の采配はすごい！　という話をもう1つしましょう。宇宙のメッセージに従っていれば、私たちはこの地球でまるでパズルのピースのようにピッタリ、適切な場所とタイミングにいられます。

ひとりひとりが得意なことをして、本当にやりたいことを心のままにやって、そんなふうに行動していると、豊かさの循環がますます活発になるんです。逆に、自分の得意を無視して、自分の心も無視をして、「私は○○をすべき」「私はこうでなければならない」と、常識、世間体、マニュアルどおりに物事を進めようとするのは、大いなる宇宙の采配を無視していることになります。そんなふうに無理を重ねていると、宇宙による最適な流れとは真逆の方向へ進み、すべてがうまくいかなくなります。

たとえば、「好きな仕事がしたい。でも生活が不安で転職ができない」というかた。悩むより、いますぐ心のままに行動してください。最善の未来がやってきます。なぜなら、その「好き」という感情自体も、宇宙の叡智によって湧き上がっているものだからです。

法則 86

「好き」「やってみたい」のふとした気持ちも宇宙ギフトの１つ

自分の中の「好き」「やってみたい」というふとした気持ち。それらはみんな、大いなる宇宙からのギフトです。その気持ちにすなおに従ってさえいれば、あなたはどんどん豊かさを受け取ります。

でも逆に、無視し続けていると、豊かさはどんどんあなたから離れていきます。それどころか、**大病を患ったり、事故に遭ったり、とんでもない悲劇に見舞われたりする**ことがあるかもしれません。

そんなとんでもないギフトを贈ってまでして、宇宙は、あなたを最適な流れ、豊かで幸せな人生に導きたがるのです。あなたに「好き」「やってみたい」の方向を選ばせようとするのです。

あなたの「好き」はなんですか？　ふと思い浮かんだそのイメージで、とにかく行動！　行動しだすと、それまでのうまくいかない現実が一気に変わり、望むとおりのお金、豊かさ、幸せがザクザク入ってくるようになります。それはまるで、パズルのピースがピッタリはまるような感覚です。

「好き」に従い、人生の正解へ進めば、金運が爆上がりします！

法則87

あなたの隣人も宇宙ギフトで「ありがとう」が黄金のパイプになる

宇宙は、実にいろんなギフトを届けてくれます。パートナーや家族、仕事仲間、友だちなど、あなたの周りにいる人たちもそうです。あなたが周囲に対して「わかってくれない」「協力してくれない」「やってくれてあたりまえ」のような感情を持っていたり、なんでも人のせいにしたりしていたら、それは宇宙のギフトにケチをつけているようなものなので、金運ばかりか運気全体がダダ下がりです。

相手を尊重し、愛と感謝と信頼とすなおな言葉で話す姿勢がいちばん。特に、身近な人やお付き合いの長い人に対してありがちな、「何もいわなくても、相手はわかってくれる」という、謎の〝ツーカー理論〟は捨てましょう。そんな理論、幻想であり怠慢です。

誰かを思いやり、いつも「ありがとう」をいえると、その人との間にお金と豊かさが循環する「黄金のパイプ」がつながり、双方の金運が爆上がりします。もったいぶらずに、あなたからどんどん循環させましょう。まずは7人、あなたの大切な人を挙げてみて。その人たちとの黄金のパイプをうまくつなげてみてください。

法則 88

宇宙からザンザン流れ込む豊かさに制限をかけているなら即解除

あなたの頭頂には、いまこの瞬間も宇宙からの無限のギフトがザンザンと降り注いでいます。その流れは枯渇することなく、**あなたにふさわしい豊かさ、あなたが必要とする豊かさが、いつも流れ込んできています**。それを、自分の金運の器を使ってキャッチ！　受け取れた量が、あなたの現時点の金運です。

ここで「ザンザン流れ込むイメージなんてできません（泣）」と思われたかたは、自分には豊かさなど必要ないとか、豊かさなんて自分にはふさわしくないとか、そういった思い込みがあるのではないでしょうか。そうして、豊かではない状態を宇宙にオーダーし、流れ込む豊かさに、自分で制限をかけてしまっているから、ザンザン流れないんです。

第3章でやった「私のお金のイメージ」「お金の不具合の正体」のノートワークをセットでやれば、手放すべき思い込み、流量制限がかかってしまう原因が見えます。巻末に予備のシートもあるので、何度もワークして金運爆上げしましょう！

法則 89

豊かさは人それぞれ。あなたにとっての豊かさこそ金運爆上げの究極の目的

ある人にとっては、タワーマンションに住んで、美しい夜景を見ながらシャンパンで乾杯して……というのが、最高の豊かさかもしれません。別の人にとっては、家族で市民プールにいって、思いっきり日焼けして、帰り道で家族みんなが大好きなアイスを買うのが最高の豊かさかもしれません。大自然の中で、自給自足生活をするのが豊かさだという人もいるでしょう。豊かさの定義は人それぞれ。けっして、預金残高が増えることだけが豊かさではありません。

私がイメージする豊かさとは、人生に黄金の実をたわわに実らせること。自分自身を信頼できること。やりたいことに挑戦できること。未来の不安がないこと。毎日がハッピーなこと。自分らしく輝いて生きること。大切な人を愛せること。そして何より、自分を愛せること！　**もちろん、そのために必要なお金の額も、リアルに意識しています。**

宇宙とつながり、自分の望む豊かさを実現することこそ、金運を爆上げする究極の目的です！

法則 90

お願い事が叶うたび アップデート& 宇宙へのオーダーを繰り返す

理想の豊かさを叶えるには、まずは自分自身が、その豊かさを明確にイメージすること。イメージできたら、遠慮しないで、宇宙に堂々とお願いして、行動することです。豊かになれない人の多くは、お願い事が苦手です。「お金が欲しい」「お金持ちになりたい」のような漠然とした言葉しか浮かばないとか、あるいは理想と現実がかけ離れすぎているせいで、そうしたお願い事さえできない場合もあります。

第2章で「私のお願い事」を書き出すノートワークをしましたが、1回やったら終わりでなく定期的に行いましょう。というか、この本に載っている金運爆上げの秘訣を習慣にしてしまえば**お願い事はきっと爆速で叶ってってしまうから、そのたびに次々とお願い事をアップデートしていくことになるはず**です。ここでノートワークをやればやるほど、金運が上がる魔法がかかります。

ノートを使ってお願い事を明確化し、宇宙にオーダー！　大いなる宇宙のギフトを最大限に活かしましょう！

法則 91

自らフィールドに立ち、自分の力で豊かになる時代が到来！

この本も、いよいよ最後の章となりました。ここで私がお伝えしたいのは、新たな時代のお話です。いま、お金や豊かさ、働き方、生き方などについての価値観がものすごい勢いで変わっていますが、「これさえ知っておけば不安がなくなる！　金運爆上げの勢いが加速する！」というような、そんなお話をいたします。

時代の変化について、私が最も強く感じているのは、**自分の得意なこと、好きなこと、やりたいことを、どんどん外に解放する新しい時代**がやってきた喜びです。これからは、会社や誰かに依存するのではなく、自分自身の力でお金や豊かさを獲得していく「覚悟」を決めましょう。ただすごい人を見ているだけの時代は終わりました。立ち上がり、自分もフィールドでプレイするんです。

会社員でもフリーランスでも経営者でも主婦でも、誰でもみんな本当の自分を毎日１００％出し切って、全力で行動して、そうして自分が望む豊かさを受け取るんです。そんな気持ちで生きていると、何もかもがますます爆上がりしていく時代です。

法則 92

幸せを発信すると豊かさのボルテックスが巻き起こる

自力でお金と豊かさを現実化する第一歩として、自分が挑戦したこと、幸せを感じたこと、ミラクル体験は、どんどん世界にシェアしましょう！　ポジティブな情報の拡散は、多くの人に共感され、幸せのボルテックス（上昇気流の渦）を巻き起こします。

ボルテックスの発信源となったあなたには「信頼」が向けられます。**信頼は、あなたの味方や応援者を増やし、ダイレクトに収入増につながることもあります。**また信頼は、「徳」と同じように、宇宙銀行に貯めていくこともできるすばらしい財産です。

奥ゆかしさを重んじていた日本では、ひと昔前には「うれしいことをひけらかすのははしたない」なんていわれていましたが、これからは真逆。宇宙の法則で、いい発信は3倍になって返ってきます。

ただし、悪口や愚痴などのネガティブな情報の拡散は厳禁です。ネガティブな循環を広げてしまうと、あなたの信頼は失われ、味方や大切な人は去っていきます。拡散した瞬間は胸がスカッとするかもしれませんが、最終的には悪徳となり、自分の首が絞まります。

法則93

ストーリーの価値がますます高まり、豊かさをいっそう循環させる

すべての商品やサービスについている「価格」。少し前の時代までは「原価（人件費なども含む）＋利益」で金額が決まることがほとんどでした。でもこれからの価格は「原価＋利益＋ストーリー」（3つ合わせて、いわゆる「ブランディング」）で決まります。しかもストーリーの部分の価値がますます大きくなる。お金を払うとき、そこにどんなストーリーがあるのかを重要視する人が、ますます増えていくということです。

たとえばA店の100円コーヒーと、B店の800円のコーヒー。原価は同じだとしても、後者のコーヒーには、コーヒーの淹れ方、お店の歴史、ステキな空間、店員さんの魅力、ブランド価値など、喜ばれるストーリー（背景）がたくさんあって、共感を得て、800円でもよく売れている。……よくあることですよね。コーヒーだけでなく、服も、美容院も、旅も、あらゆる商材の価格がそうやって決まります。**ストーリーを語ったり、楽しんだりできる人こそが、これからの豊かさを循環させていく**ようになるんです。

法則 94

思いやり、感性、自分らしさを発揮する働き方に大きな対価が支払われる

これからの時代は、人からのサービスを受けられる機会がだんだん減って、代わりに、ＡＩ（人工知能）によるサービスが主流になっていきます。だんだん、お金を持っている人たちは人からサービスしてもらえるけれど、そうでない人はＡＩのサービスしか受けられなくなっていくでしょう。別の表現をすると、**人の手を介したステキなサービスには今後、ますます価値が認められ、いまよりもっと大きな対価が支払われる**ようになるということです。

人だからこその思いやり、ぬくもり、きめ細かさ、豊かな感性、個性……そうしたＡＩにはない魅力や能力を発揮するのが得意な人は、これからの時代では、より豊かな未来を手に入れます。

サービス業だけでなく、たとえば事務職や営業職でも、機械みたいにマニュアルどおりにしか動けない人は、ＡＩに淘汰されます。魅力を隠して「集団の中のひとり」となるより、自分らしさを存分に出すほうが、ますます豊かになれるし、さらに愛されます。あなただけの個性を発揮して豊かさをザクザク受け取りましょう！

法則 95

競争ではなく融合！
化学反応を起こして
みんなで爆上がりする時代

これまで私たちは、誰かと自分を比べる「いいか悪いか」の世界線で生きていました。彼女と私、どちらの算数の成績がいいか悪いか。絵がうまいか下手か。かわいいかかわいくないか。

それはとてもくだらない比較でした。だって**人はそれぞれみんな、いろんな側面を持っていてまったく異なる存在**です。算数、絵のうまさ、かわいさ、お給料、学歴……たった一面において比較競争して、それで誰かに勝ったところで、まったく意味がありません。

ひとりひとりが自分だけの価値を自覚し、豊かになるため、自分を向上させるために毎日やりたいことにチャレンジして、成功したり失敗したりして、誰とも比べられない輝きを放つほうが、いまの時代は豊かになっていきます。そのとき、もし隣の人が自分とは全然違うチャレンジをしていたら、その挑戦を尊重し、できることがあれば協力したり応援したりしてください。誰かと融合し、化学反応を起こし、みんなで輝きを高め合える。そうした生き方ができれば、金運も人生全体も最高に爆上がりします！

法則96

三角ピラミッドの頂点よりも
球体型世界の
自由な場所で光り輝く

つまらない競争がなくなったこれからの世界では、三角ピラミッド型の階層図を見ることがなくなっていくでしょう。三角形の上の頂点側に、少数の豊かな人や優れた人が何%かいて、底辺側に豊かになれない人がたくさんいて……というのを示す、テレビや新聞、教科書などでよく見るアレ。「ヒエラルキー」ってやつです。

過去の時代には、みんながピラミッドの頂点側を目指して必死になっていました。ひとりでも多くの人を蹴落とすべく、朝から晩まで誰かと競争し、奪い合い、疲弊していました。でも新時代は、ひとりひとりが自分のルールでやりたいことをして、自分が理想とする豊かさを叶えていくので、誰かと競争する必要がありません。

平面状の三角ピラミッドに表されるような世界はもう終わり。これからは球体型の世界です。ピラミッドを上がったり下りたりするのでなく、**球体の表面の好きなところにそれぞれが自由に立って、たまたま近くに居合わせた人と幸せをシェアして豊かになっていく**ような。そんな時代の到来に私はワクワクしています！

法則 97

豊かさの源は自分自身！
金脈はすでに
自分の中にある

球体型の世界ではいろんな人がいろんなことをして、自由に過ごしています。お金に詳しい人は、お金を扱います。職人さんは日々腕を磨き、技術を活かします。乗り物が好きな人は、車を運転する。片づけが得意な人も、おいしい料理が作れる人も、子どもと遊ぶのが大好きな人も、逆に、お年寄りとの相性がいい人も、いろんな人がいます。**それぞれが得意なことで人の役に立てる世界。それぞれが自分に最適な金脈を持っている世界。そこではお金と豊かさがうまく循環していて、宇宙からのギフトもどんどん届きます。**

ここで「でも自分には、得意なことなんてないし……」と思ったあなた！　とても大事なポイントなのですが、自分があたりまえにできることは、意外と、他人にとってはあたりまえではありません。そういう視点で、よく人に頼まれることやいくらやっても苦でないことはないか、掘り下げてみてくださいね。

自分の得意なことって、これから新たに何かを学んだり練習したりしなくても、すでにあなたの手元にあるものです。

法則 98

一人一役ルールがなくなったいまこそ複数の金脈に自由に挑戦

ひと昔前は、自分のやりたいことを金脈にしたくても、謎の「一人一役」ルールがあって、「母親はこうあるべき」「会社員はこうあるべき」といわれ、たいていの人がやりたいことで人の役に立つのをあきらめていました。でもいまは、会社員の人が経営者もやったり、俳優さんが農園を経営したり、芸人さんが絵本作家をしたり、お母さんが人気インフルエンサーだったり……本当に自由に金脈を持てる時代です。

「□□は○○べき」という言葉は古い時代の価値観として、歴史博物館のガラスケースに展示（封印）しちゃいましょう！

さらに、あなたの商品やサービスにお金を払ってくれる人と出会うハードルも、ＳＮＳのおかげでめちゃくちゃ下がっています。逆に、あなたが学び、情報、サポートを求めたときにそれを提供できる人と出会えるチャンスも広がっています。

こんなラッキーな時代に生まれたのだから、新たな金脈、あなたならではの金脈に自由に挑戦し、豊かになるしかありませんよね。

法則 99

「〇〇べき」の旧時代と自由な新時代、選択次第で未来は大きく変わる

元号が平成から令和に変わって、宇宙では惑星や星座の大きな動きがあって……そうした変化に伴い、お金の価値もどんどん変わっています。多くの人が必死になってお金を追い求め、お金に苦しんでいた時代は、もう遠い昔です。

私たちの世界は無数の層でできています。それらの層が重なったり交差したりすると、違う層の誰かに出会い、私たちは学びや変化の機会を得ます。でも今後は、それらの層が2つに完全分離します。

一方は、物質主義、競争志向、常識依存、窮屈な「○○べき」の世界にとどまる層。もう一方は、心のままに挑戦と行動を重ねて新たな生き方へステージアップする層。二層はいずれ、けっして交わらなくなります。

いずれの層でも、お金持ちにはなれます。しかし、**不自由で苦しいやり方でお金を得るのか、自由な挑戦と行動で豊かさとハッピーを実感するのか、あなたはどちらがいいですか？**　どちらを選ぶかはあなた次第。あなたの選択で、未来はガラリと変わります。

法則 100

正しくお金を使えば使った額以上の価値に換わって必ず返ってくる

これからの時代はおそらく、「お金」の価値がどんどん下がっていきます。いまは100万円で買えているものに、数年後には200万円以上の値がつきます。だから、どうせ買うならいま。いまがいちばん、なんでも安く買えて、安く体験できる好機です。それなのに、将来が心配だからといって、欲しいもの、やりたいこと、学び、挑戦をあきらめて、ただ節約しているのはもったいないです。

正しくお金を使いましょう。あなたの望みのとおりにお金を使いましょう。自己投資もおすすめです。預金残高が減ると、その時点では、お金がなくなったように見えます。でも、お金を使ったことによって、**あなたの経験、学び、気づきが増えたり、人とのご縁が広がったりしたらどうでしょう**。その後の人生の中で、使った額以上の価値、莫大な価値へと換わっていくと思いませんか。

あなたの未来がもっと豊かでハッピーになるよう、お金を使いたくなる機会を贈ってくれているのは宇宙です。宇宙ギフトを受け取り、やりたいことには思い切って投資し、行動していきましょう！

金運爆上げ
体験談①

夢の仕事に就いて年収15倍！数百万円もの借金も完済できた！

A・Hさん（33歳 個人事業主）

いまの私は、長年の夢だったラジオパーソナリティーとして活動し、充実した日々を送っています。でも少し前の私は、それはひどい状態でした。お金の問題を抱え、その問題が解決するとは到底思えず、命を絶とうかというほど追い詰められていました。

そんな私が変わるきっかけをくれたのが、山王美和さんです。ある日ふと目にしたSNS。そこで金運のお話をしていた、なんだかキラキラ輝く女性。お先真っ暗だった当時の私にとって、その様子はひと筋の光に見えました。それがおみわさんだったのです。

私はおみわさんが発信する金運爆上げの情報を読みあさり、この本でも紹介されているノートワークをやったり、お水をよく飲んだ

※個人の体験、感想です。

り、金の福の神の神社にいったり……。おみわさんの天然石ジュエリーも購入し、その後、オンラインサロンにも入りました。

そうして行動を起こしていると、不思議な変化が起きだしたのです。まず起きたのは体調不良。それから、身の回りのものが次々壊れました。いまとなっては、あれは宇宙の豊かさとつながるためのデトックスの現象だったとわかるのですが、当時はけっこう驚きました。でもデトックス後は、宇宙の豊かさとつながったのか、お金や豊かさについての考え方が激変。「私だって誰だって、好きなことで稼いでいいし、もっと豊かになっていい！」とお金や豊かさに対するいいイメージが自分の中に刻み込まれた成果か、数百万円の借金を完済できたうえ、パート主婦からラジオパーソナリティーに転身！ 年収は15倍になりました。

先日、おみわさんのすすめる〝お賽銭1万円〟にも挑戦しました。仕事の依頼はますます増えて、ついには推しの俳優さんとの仕事もゲット！ まだまだ金運爆上がりしそうでワクワクしています。

金運爆上げ
体験談②

“ある”に気づけたおかげで年収5割増！ハワイの別荘もゲット！

E・Yさん（48歳 会社員）

以前の私は、そこそこの暮らし、そこそこの収入があるにもかかわらず、いつも「何かが足りない」「満たされない」「もっとがんばらなきゃ」と思いながら生きていた気がします。

そんな私でしたが、ある冬、ふとステキな天然石ジュエリーを手にした瞬間から、人生がガラリと変わりだしたのです。天然石などキラキラしたものを身につけると、金の福の神が喜んでくれたり応援してくれたりするそうですが、まさに私も、あのときから金の福の神が味方になったのではと思っています。

それまでは自己卑下してばかりだったのに、自分の腕で天然石がキラキラ光っているのを見ていると「私ってステキ！　私ってすご

※個人の体験、感想です。

い！」とだんだん自信を持てるようになり、そこから「私、もういろいろ持ってるじゃん」と〝ある〟にフォーカスできるように。さらには「こんなにいろいろ〝ある〟んだから、もっと上を目指そう！」と、焦燥感ではなくポジティブな心から、さらに豊かな人生を求められるようになったのです。

前述の天然石ジュエリーを製作している山王美和さんのオンラインサロンで、この本にあるような金運爆上げの法則をたくさん学べたのも、変化が加速した一因でしょう。

そうして不足感も余計な力みも手放し、豊かさを確信して過ごせるようになったおかげなのか、昇進・昇給が続き、気づけばなんと、金の福の神と出会う前と比べて年収は5割増しに。ずっと憧れていたハワイの別荘まで買えてしまいました。

もしかすると金の福の神の影響なのか、美容への意識も高まり、12kgのダイエットにも成功しました。ロングドレスがステキに着こなせるようになったのも、うれしい変化です。

※ 47・50・57・91・93 ページのノートワークの予備のシートです。ワークを何度も繰り返し、自分に向き合う時間を重ねるほど、金運の器はますます大きくなってお金と豊かさに恵まれます！

年　　月　　日

NOTE WORK

私のお願い事

「

」

ために最高最善の形でお金がやってきました。
ありがとうございました。

「

」

ために最高最善の形でお金がやってきました。
ありがとうございました。

「

」

ために最高最善の形でお金がやってきました。
ありがとうございました。

「

」

ために最高最善の形でお金がやってきました。
ありがとうございました。

「

」

ために最高最善の形でお金がやってきました。
ありがとうございました。

年　月　日

私のお願い事

「

」

ために最高最善の形でお金がやってきました。
ありがとうございました。

「

」

ために最高最善の形でお金がやってきました。
ありがとうございました。

「

」

ために最高最善の形でお金がやってきました。
ありがとうございました。

「

」

ために最高最善の形でお金がやってきました。
ありがとうございました。

「

」

ために最高最善の形でお金がやってきました。
ありがとうございました。

私の理想を知る

おいしい食べ物

快適な空間

気分がアガる音楽

心地いい香り

好きな服

年　　月　　日

大切な人

幸せな時間

大好きなもの

理想の人生

年　月　日

NOTE WORK

金脈クリエイト

私の得意なこと

私の好きなこと

私が心からやりたいこと

なんとなく ワクワクを感じること

年　月　日

NOTE WORK

金脈クリエイト

私の得意なこと

私の好きなこと

私が心からやりたいこと

なんとなく ワクワクを感じること

年　月　日

NOTE WORK

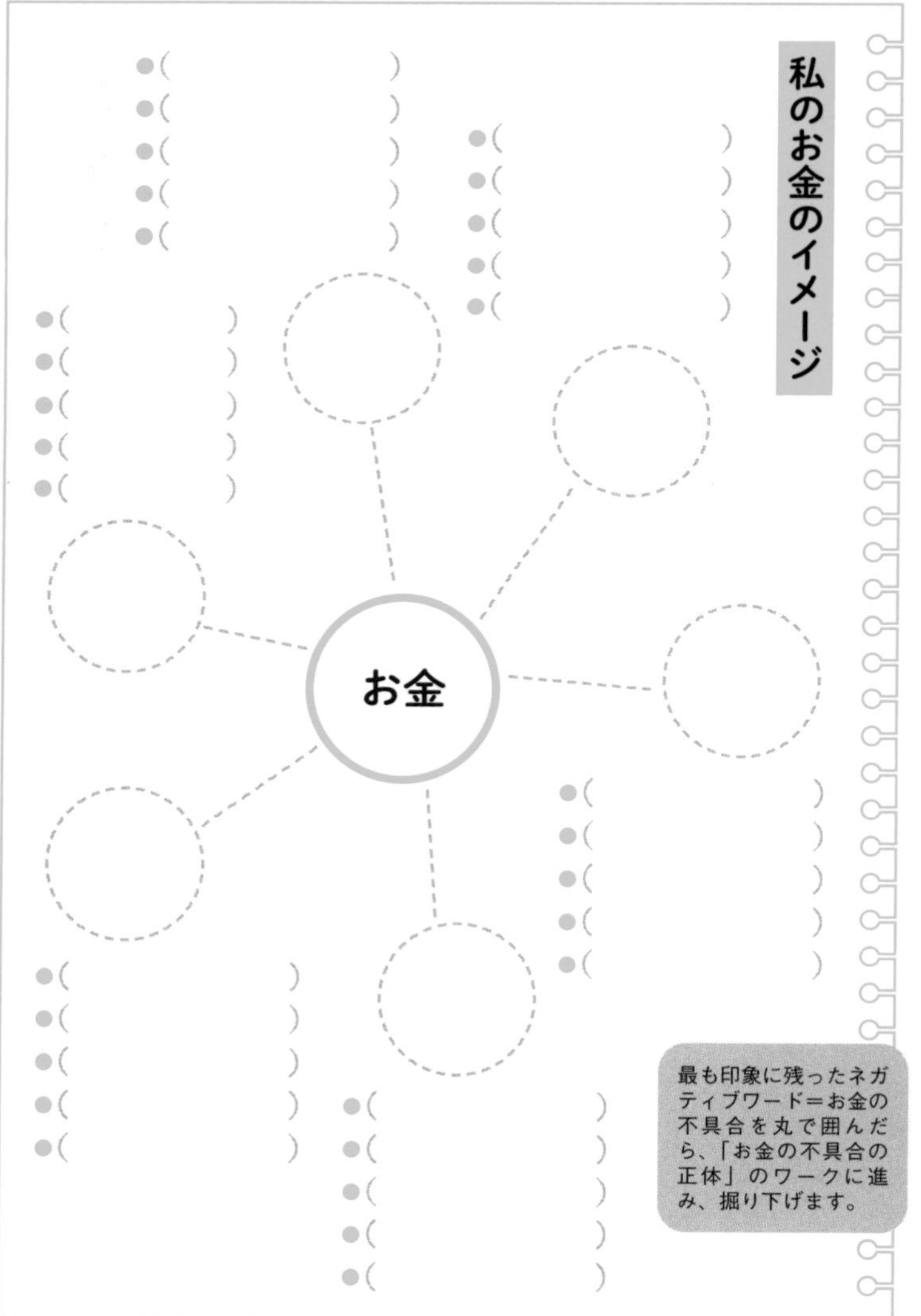

年　月　日

NOTE WORK

お金の不具合の正体

お金の不具合

Why?

Why?

Why?

Why?

Why?

Why?

Why?

Why?

Why?

お金の不具合の正体

年　月　日

私のお金のイメージ

お金

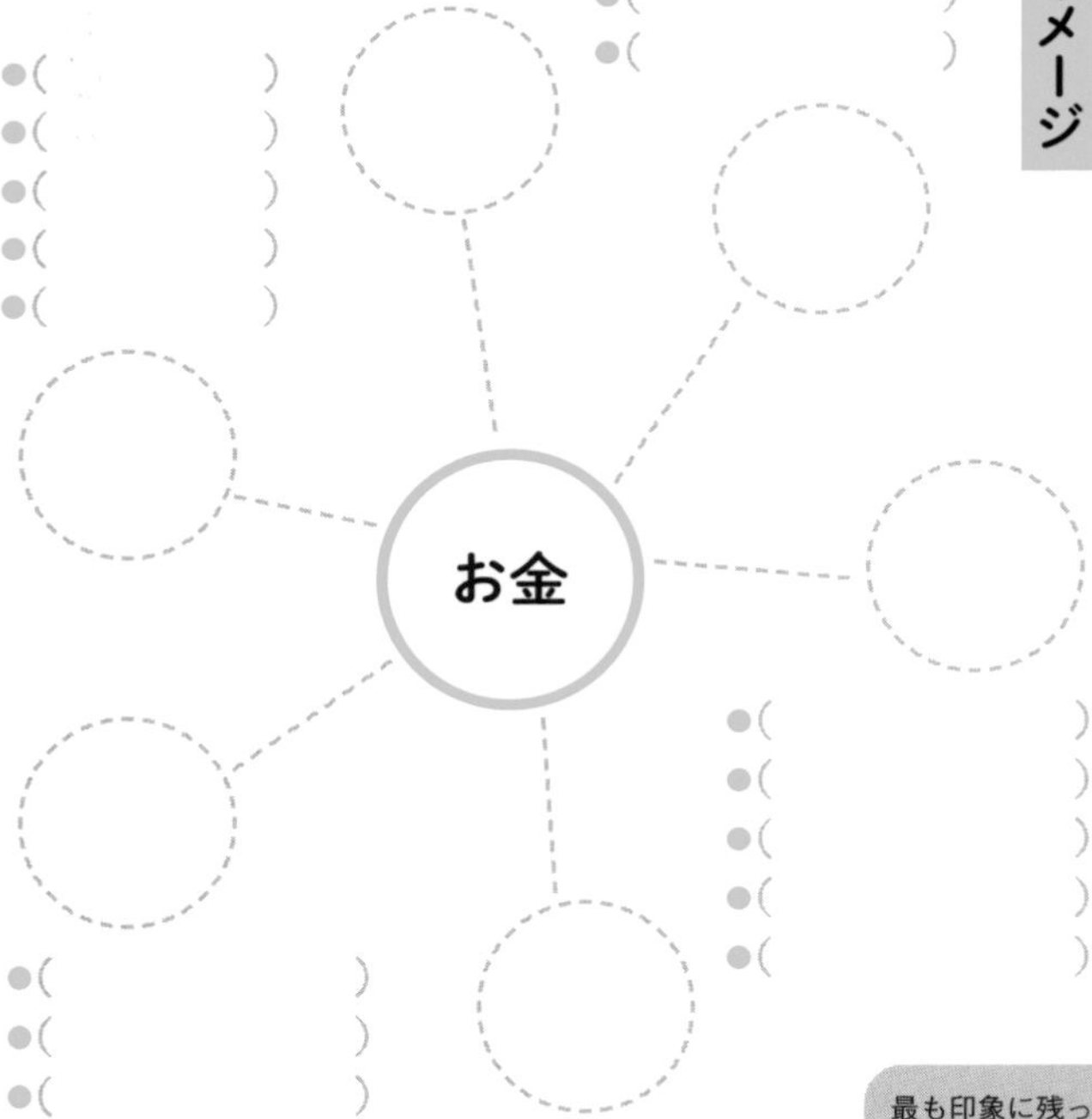

最も印象に残ったネガティブワード＝お金の不具合を丸で囲んだら、「お金の不具合の正体」のワークに進み、掘り下げます。

年　　月　　日

NOTE WORK

お金の不具合の正体

お金の不具合

Why?

Why?

Why?

Why?

Why?

Why?

Why?

Why?

Why?

お金の不具合の正体

おわりに

「波動同調の法則」という言葉があります。いまのあなたの波動が高い状態であれば、波動の高い現実、そして波動の高い未来が引き寄せられてきます。逆に、波動が低ければ、波動の低い現実、未来が引き寄せられます。いまも未来もすべて、あなたにふさわしい状態にしかならないということです。

たくさんのお金と豊かさの話に触れてきたあなたは、もう完全に豊かさと同調できる波動。もう安心安全！　おめでとうございます！　あなたが進む方向には、豊かな未来しか待っていません！

これからのあなたは、何かに依存するのでなく、理想を叶えるために自分で挑戦し、行動していきます。お伝えした１００個の手法すべてに、あなたの挑戦・行動・豊かさがもたらされるようプログラミングしているので、この本に載っている金運上昇の法則をまずは1つでも試してみてください。勇気を出してアクションを起こせば、お金も金運もザクザクの想像以上の未来が手に入ります。

この本は、手に取ってくださったすべての人が豊かになるよう設定されています。今後もしまた金運に迷ったときは、この本のピンときた箇所を開き、宇宙から豊かさがザンザン降り注いでいること、それを誰しも思いっきり受け取れることを思い出してください。ノートワークも何度もやってくださいね。

最後まで読んでくださって、本当にありがとうございました。あなたの人生に黄金の実がたわわに実りますように！

愛と光を贈ります！

株式会社シリウス代表　山王 美和

PROFILE

山王 美和（さんのう みわ）

実業家。株式会社シリウス代表取締役。母は中国人で、父は日本人。母方の先祖は著名な革命家。神主だった父方の祖父の血を受け継ぎ、常に神様や見えない不思議な存在とともに生きている。一時は事業が立ちゆかず残高48円の危機に陥るも、神様からの啓示を受け取ってパワーストーンジュエリーショップに業態転換すると状況は一転。以降の売り上げは右肩上がりで、現在では年商１億円以上に。厳選された上質な天然石をお客様のもとに日々出荷。お客様からの変化と喜びの報告は途絶えることがない。１児の母。

Instagram @siriusstonejewelry
Twitter @miwaSiriusStone
Voicy 「みわ開運スピリチュアル」

金運爆上げ100の法則

笑えるほどのド貧乏から豊かになれた秘密、全部教えます

2023年5月25日 初版発行

著　　／山王 美和
発行者／山下 直久
発　行／株式会社 KADOKAWA
〒102-8177　東京都千代田区富士見2-13-3
電話 0570-002-301（ナビダイヤル）
印刷所／大日本印刷株式会社
製本所／大日本印刷株式会社

本書の無断複製（コピー、スキャン、デジタル化等）並びに
無断複製物の譲渡及び配信は、著作権法上での例外を除き禁じられています。
また、本書を代行業者などの第三者に依頼して複製する行為は、
たとえ個人や家庭内での利用であっても一切認められておりません。

●お問い合わせ
https://www.kadokawa.co.jp/（「お問い合わせ」へお進みください）
※内容によっては、お答えできない場合があります。
※サポートは日本国内のみとさせていただきます。
※Japanese text only

定価はカバーに表示してあります。
©Miwa Sannou 2023 Printed in Japan
ISBN 978-4-04-606306-9　C0095